Dreier

Das einfachste
Ayurveda-Kochbuch
aller Zeiten

Uli Dreier ist Ayurveda-Gesundheits- und Life-Coach sowie Inhaberin der Onlineplattform »Wild and Veda«. Sie katapultiert die 3000 Jahre alte Ayurveda-Heilkunst ins 21. Jahrhundert und gilt als Spezialistin für einen einfachen und gesunden Lifestyle. Sie lebt im Ruhrgebiet und arbeitet im gesamten deutschsprachigen Raum. In ihren Coachings, Workshops, Koch- und Onlinekursen begleitet sie Menschen und innovative Unternehmen mit praxistauglichem Know-how und viel Spaß auf ihrem Weg zu körperlicher und mentaler Gesundheit. Weitere Praxistipps auf *www.wildandveda.com.*

Ulrike Dreier

Das einfachste Ayurveda-Kochbuch aller Zeiten

TRIAS

»Der Weise legt größten Wert auf die gesundheitsförderliche Wirkung seiner Nahrung.«

Charaka Samhita

« Sesam-Tofu-Reis mit Zuckerschoten und Möhren (Seite 82)

Sooooo....
EINFACH!

Willkommen in meiner Ayurvedaküche!

Die traditionelle indische Heilkunst Ayurveda ist aus unserer westlichen Welt nicht mehr wegzudenken: Sie steht für einen gesunden Lifestyle und liegt voll im Trend. Aber immer noch wird ihr nachgesagt, kompliziert und aufwendig zu sein. Viele Menschen scheuen sich deshalb, Ayurveda in ihr Leben und ihre Küche einziehen zu lassen.

In diesem Buch möchte ich dich vom Gegenteil überzeugen. Ich zeige dir, dass ayurvedische Küche einfach, genussvoll und alltagstauglich ist. Mit nur sechs Zutaten (plus einem kleinen Vorrat an Gewürzen und Ölen) kannst du köstliche Gerichte zubereiten. Ich nehme dich mit in die Welt von warmen, leichten Gerichten zum Frühstück, duftenden Suppen, leckeren Speisen zum Mitnehmen, energievollen Hauptmahlzeiten, saftigen Kuchen und verführerischen Süßspeisen.

Ayurvedische Ernährung ist keine Diät. Es gibt keine Verbote, kein Richtig oder Falsch, sondern es geht um das tiefe Verständnis bestimmter Grundprinzipien – alles dreht sich um eine individuell gute Verdaulichkeit und Verwertbarkeit der Nährstoffe. Eine optimale Verdauung ist nach der ayurvedischen Lehre die Voraussetzung für Gesundheit und Wohlbefinden bis ins hohe Alter. Auch wenn Ayurveda seinen Ursprung in Indien hat, ist er an keine religiösen oder kulturellen Traditionen gebunden. So kann auch eine italienische Pasta ayurvedisch sein.

In diesem Buch erfährst du, wie du ganz einfach in die ayurvedische Küche einsteigen kannst: nicht klassisch streng ayurvedisch, sondern pragmatisch, undogmatisch, orientiert an der heutigen modernen Lebensweise und auf Basis meiner Erfahrungen aus über 1000 Beratungen.

Du erhältst wichtige Informationen über die Grundlagen der ayurvedischen Ernährung und über das, was dafür beim Kochen zu beachten ist.

Ich lade dich ein, dich dem Essen auf neue Weise anzunähern und die gesundheitsfördernden Eigenschaften von Lebensmitteln, Kräutern und Gewürzen kennenzulernen.
Fang *einfach* an und lass dich inspirieren! Viel Freude beim Kochen!

Deine Ulrike

Ayurveda – just do it!

Bewährt und dabei ganz einfach: Eine Ernährung nach der ayurvedischen Lehre lässt sich leicht in den Alltag integrieren. Was du wissen solltest, bevor du startest.

Ayurveda wird von der Weltgesundheitsorganisation WHO als »die Mutter der Medizin« bezeichnet und ist eine über 3000 Jahre alte Heilmethode. Sie kommt aus Indien und wurde von dort aus über die ganze Welt verbreitet. Der Begriff »Ayurveda« kommt aus dem Sanskrit: »Ayus« bedeutet »Leben« und »Veda« »Wissen«, frei übersetzt ist »Ayurveda« also »die Weisheit des Lebens«.

Der Ayurveda geht davon aus, dass alles, was wir für unser Wohlbefinden benötigen, bereits in uns liegt. Doch durch unsere heutige schnelllebige, moderne Lebensweise haben wir vieles davon vergessen. Ayurveda bietet uns die große Chance, das Vergessene wieder ins Bewusstsein zu bringen und Veränderungen vorzunehmen.

Back to nature: Nutze Zyklen

Das Leben ist voller Zyklen: Es gibt den Wechsel von Tag und Nacht, von Frühling, Sommer, Herbst und Winter, den Mondzyklus und den Menstruationszyklus.
Leider vergessen wir diese Zyklen im modernen Leben oft und leben nicht danach. Wir machen die Nacht zum Tag, essen das ganze Jahr über Erdbeeren, unterdrücken unseren Menstruationszyklus durch die Pille und nutzen die Wintermonate z. B. nicht für Ruhe und Rückzug. Viele Menschen geraten so immer mehr aus der Balance und fühlen sich nicht mehr wohl. Manche werden sogar krank.
Sich darauf zurückzubesinnen, dass wir ein Teil der Natur sind und im Einklang mit ihr leben sollten, ist eine wichtige Botschaft des Ayurveda. Die Natur gibt uns Struktur und Kraft und erdet uns. Regelmäßige Routinen, die Beachtung des Mondzyklus und der Tages- und Jahreszeiten – auch durch saisongerechte Mahlzeiten – bringen uns zu unserem eigenen inneren Rhythmus zurück und wieder ins Gleichgewicht.

Finde zurück ins Gleichgewicht

Auf den ersten Blick erscheint Ayurveda sehr komplex. Wenn du dich aber mehr damit beschäftigst, entdeckst du, dass es auf einfachen und logischen Prinzipien beruht. Das wichtigste Prinzip ist folgendes: Es gibt in der Natur grundsätzlich drei unterschiedliche Arten von Energien, die auch im Menschen wirken. Es gilt, diese durch eine Lebensweise, die deinem Naturell entspricht, im Gleichgewicht zu halten.

Wir sind täglich vielen Einflüssen ausgesetzt, die unsere Balance stören können, z. B. Stress, Druck, Reizüberflutung, neue Medien, Schlaf- oder Bewegungsmangel, ständig neue Ernährungstrends und Diäten. Da ist es zunehmend schwierig, die eigenen Bedürfnisse im Auge zu behalten und zu entscheiden, was guttut und was nicht.

Der Ayurveda gibt dir eine Anleitung zur täglichen Lebensführung mit dem Ziel, immer wieder zurück in dein Gleichgewicht zu finden. In diesem Zustand bist du in der Regel gesund und fühlst dich wohl. Im Ungleichgewicht können Beschwerden und Krankheiten entstehen.

Die Ernährung ist ein wesentlicher Teilbereich in der Gesunderhaltung und Therapie. Nach dem Ayurveda sind mehr als 80 Prozent aller zivilisationsbedingten Krankheiten auf eine falsche Ernährung zurückzuführen; allein durch eine Ernährungsumstellung können 40 Prozent aller Krankheiten geheilt werden und weitere 40 Prozent durch eine Ernährungsumstellung plus eine Zugabe von Kräuterpräparaten.

Wenn du achtsam mit dir umgehst, gut auf deinen Körper aufpasst und Beschwerden früh erkennst, kannst du mit kleinen ayurvedischen Maßnahmen einfach gegensteuern. Stresssymptome können beispielsweise durch die Anpassung der Ernährung erheblich gelindert werden. Warme, stärkende Gerichte, Wurzelgemüse, Eintöpfe, Suppen und gute Fette stehen bei Stress auf dem Speiseplan ganz oben. Ein warmes Fertiggericht ist in diesem Fall sogar besser als eine kalte, trockene Mahlzeit oder Rohkost.

Dieses Kochbuch ist ein guter Einstieg und hilft dir dabei, ayurvedische Prinzipien in die Praxis umzusetzen. Du wirst schon bald merken, dass du bereits mit kleinen, einfach vorzunehmenden Veränderungen dein Wohlbefinden wesentlich steigern kannst.

Die drei Grundkonstitutionen

Jeder Mensch ist einzigartig: Nach ayurvedischem Verständnis wird unsere Persönlichkeit von den drei Bioenergien, den »Doshas«, geprägt, die wir alle in unterschiedlicher Kombination in uns tragen.

Das ayurvedische Gesundheitssystem beruht auf dem Prinzip, dass das Universum, Menschen, Tiere und alle sichtbaren und unsichtbaren Elemente auf denselben drei Bioenergien, auch »Doshas« genannt, beruhen: **Vata**, **Pitta** und **Kapha**.

Die Eigenschaften der Bioenergien werden durch die fünf Elemente bestimmt, aus denen nach der ayurvedischen Lehre alles, was in dieser Welt existiert, besteht:

- **Vata** hat die Eigenschaften der Elemente Luft und Raum,
- **Pitta** die von Feuer und (wenig) Wasser,
- **Kapha** die von Erde und Wasser.

Alle Menschen kommen mit einer bestimmten Kombination dieser Doshas auf die Welt. Jede Kombination ist einzigartig und bestimmt unsere Grundkonstitution, unseren Bauplan. Sie ist die Basis für unser Aussehen, unsere Talente, unseren Stoffwechsel, unseren Charakter und unsere Stärken und Schwächen. Bei vielen Menschen sind zwei Doshas dominant, bei manchen nur eines und nur selten sind alle drei gleich verteilt. Die drei Dosha-Persönlichkeiten mit ihren Charakterzügen findest du auf Seite 11.

Alles in uns und um uns herum hat die drei Bioenergien in sich und übt dadurch ständig einen Einfluss auf uns aus, sodass sich unser Grundzustand, unsere Balance, die wir bei der Geburt erhalten haben, ständig verschiebt. Je höher die Sonne steht, desto mehr Feuer haben wir auch in uns (das heißt, unser Pitta steigt). Wenn es im Herbst kräftig stürmt, wird unser Vata (der Luftanteil) automatisch größer.

Bleiben wir im Gleichgewicht, so sind wir gesund, fühlen uns wohl und leben diejenigen Stärken aus, die uns durch unsere Doshas mitgegeben wurden. Geraten die Doshas aus der Balance, z. B. durch einen ungünstigen Lebensstil, der viele Belastungen mit sich bringt, oder eine unpassende Ernährung, kann dies zu Beschwerden und Krankheiten auf körperlicher und psychischer Ebene führen.

Die Kunst im Leben besteht darin, im Gleichgewicht zu bleiben und entsprechend der Ursprungskonstitution zu leben.

Einer der kraftvollsten Hebel zur Bewahrung der Balance ist die tägliche Ernährung.

» *Was immer den Menschen in seiner Verschiedenheit ausmacht, formt auch das Universum, und die Teile, die das Universum ausmachen, formen auch den Menschen.* «

Charaka Samhita – Arzt und Autor eines der Standardwerke des Ayurveda

Die 3 Dosha-Persönlichkeiten

Vata „Bewegungstyp"

Typisch für die Vata-Persönlichkeit

- kontaktfreudig, neugierig
- kreativ und begeisterungsfähig
- mag Abwechslung, keine Routine
- sehr feinfühlig, sensibel
- offen, flexibel
- vergesslich
- neigt zu Ängsten und Sorgen
- unruhiger, leichter Schlaf
- mag Kälte, Wind und Regen nicht
- hat oft kalte Hände und kalte Füße
- trockene Haut
- neigt zu Verstopfung und Blähungen

Das tut gut

- warmes Essen, ausreichend Fett, Wurzelgemüse
- regelmäßiger Tagesablauf
- Ruhe, Wärme, liebevolle Umgebung
- Entschleunigung, wenig Reize
- Ölmassagen

Pitta „Energietyp"

Typisch für die Pitta-Persönlichkeit

- strukturiert, organisiert, fokussiert
- scharfer, klarer Verstand
- Macher(in), Umsetzer(in)
- leidenschaftlich
- wettbewerbsorientiert
- neigt zu Hitzköpfigkeit, Wutausbrüchen
- starker Hunger, Durst
- sehr aktiver Stoffwechsel
- sportlich, muskulös
- mag keine Hitze
- hat häufig empfindliche Haut, Muttermale, Sommersprossen

Das tut gut

- basisches Essen, bittere Kräuter und grüne Gemüse
- Mäßigung, weniger „tun", mehr »sein«
- kühlende Kräutertees, wenig Alkohol
- mittags ausreichend essen, v. a. genügend Eiweiß
- Energie kanalisieren, sich »richtig« auspowern
- Dinge fürs Herz tun (Tiere, Kinder, Natur, Musik …)

Kapha „Strukturtyp"

Typisch für die Kapha-Persönlichkeit

- viel Kraft, Vitalität und Ausdauer
- methodisch und gründlich
- sehr gutes Gedächtnis
- Fels in der Brandung
- geerdet und unaufgeregt
- verlässlich und geduldig
- sehr sinnlich und liebevoll
- Familienmensch
- kann sehr gut auswendig lernen
- langer, tiefer Schlaf
- kühle, glatte Haut, ausdrucksvolle Augen
- neigt zu Antriebslosigkeit, Übergewicht
- liebt Gewohnheiten

Das tut gut

- regelmäßige, intensive Bewegung
- früh aufstehen, kein Mittagsschlaf
- keine Zwischenmahlzeiten
- Portionsgrößen beachten
- warme Gerichte mit scharfen Gewürzen
- anregende Massagen

Der Morgen im Ayurveda

Du möchtest Ayurveda in deinen Alltag integrieren? Dann fange am besten mit der Morgenroutine an. So startest du frisch, entspannt und gestärkt in den neuen Tag.

Um schon morgens den Stoffwechsel anzuregen und Verdauungsproblemen vorzubeugen, empfiehlt der Ayurveda eine reinigende und vitalisierende Morgenroutine, die über das Zähneputzen und Duschen hinausgeht. Dabei werden alle Sinnesorgane sensibilisiert, die Ausscheidungen gefördert und der Geist gereinigt und gleichzeitig gestärkt.

Die Morgenroutine besteht aus vielen Aktivitäten. Diese gleich vom ersten Tag an alle auszuführen, ist allerdings eine Herausforderung. Einfach wird es, zunächst mit *einer* Aktivität zu starten, die dir leicht erscheint und Freude bereitet. Hier die Möglichkeiten:

- Stehe früh auf und wecke deine Verdauung sanft mit warmem Wasser oder Ingwerwasser. Im Ayurveda wird das Wasser dafür zehn Minuten abgekocht. Für die Kurzversion eine große Tasse zu drei Vierteln mit stillem Wasser füllen und den Rest mit kochendem Wasser aus dem Wasserkocher auffüllen. Wie Ingwerwasser zubereitet wird, erfährst du auf Seite 18.
- Schließe eine kleine Yogaübung oder einen Sonnengruß an. Diese bringen deinen Körper in Bewegung und unterstützen die Verdauung und Entgiftung.
- Nimm fürs Ölziehen z. B. 1 Esslöffel Kokosöl in den Mund und spüle einige Minuten den Mundraum damit, bevor du das Öl auf einem Papiertuch entsorgst. Das Öl entfernt toxische Substanzen aus deiner Mundschleimhaut, stärkt Zähne und Zahnfleisch und fördert die Verdauung.
- Reinige deine Zunge mit einem Löffel oder einem Zungenschaber, um Beläge und Bakterien, die als Abfallprodukte der Verdauung entstehen, zu entfernen. Die Zunge wird dazu 2–3-mal vom hintersten Ende bis zur Spitze abgeschabt.
- Putze deine Zähne.
- Reinige deine Nase und stärke deine Abwehrkräfte durch eine Nasenspülung mit lauwarmem Salzwasser.
- Leite durch eine Ganzkörper-Ölmassage vor dem Duschen Giftstoffe aus der Haut aus.
- Bereite dir ein warmes Frühstück zu.

Sobald eine neue Aktivität zur Gewohnheit geworden ist, nimm eine weitere dazu – bis du irgendwann die für dich ideale Kombination an Aktivitäten gefunden hast.

» *Wir sind das, was wir wiederholt tun. Vorzüglichkeit ist daher keine Handlung, sondern eine Gewohnheit.* «

Aristoteles

AYURVEDA MORGEN-ROUTINE
1. Vor der Sonne aufstehen
2. Verdauung wecken mit heißem Wasser
3. Yoga (z. B. Sonnengruß) und Meditation
4. Ölziehen
5. Zunge schaben
6. Zähne putzen
7. Nasenspülung
8. Massieren mit Öl
SESAM ÖL
9. Duschen
10. Warmes Frühstück (z.B. Haferbrei)
GUTEN MORGEN!

Ayurvedische Ernährung – die einfachste und beste Medizin

Im Ayurveda spielt die Ernährung eine zentrale Rolle für die Gesundheit. Wichtig ist nicht nur, was und wann wir essen, sondern auch, wie unser Körper die Nahrung verdaut.

Die Philosophie des Hippokrates von Kos, des berühmtesten Arztes der Antike, dass Nahrungsmittel Heilmittel sein sollen (siehe Zitat unten), gilt auch im Ayurveda. Mit der Nahrung nimmt der Körper die Energie auf, die er laufend benötigt. Er wird gestärkt und im Gleichgewicht gehalten bzw. wieder dorthin zurückgebracht.

Hierfür zwei Beispiele: Bist du nervös und flattrig, helfen dir erdende Lebensmittel wie Möhren, Rote Bete oder Kürbis, die dich »schwerer« machen, damit du wieder mehr Ruhe und Stabilität erlangst. Leidest du unter Verstopfung? Dann nutze anregende, gut gewürzte Mahlzeiten, viel warmes Wasser und Kräutertees, um dein Verdauungssystem in Schwung zu bringen. Was, wie und wann du isst, spielt im Ayurveda eine große Rolle.

Im Ayurveda gilt nicht nur: »Du bist, was du isst«, sondern auch: »Du bist, was du verdaust.« Die besten Lebensmittel und Superfoods nützen dir nichts, wenn der Körper sie nicht aufspalten, aufnehmen, zu gesunden Zellen umbauen und dir damit nicht nachhaltig Energie zur Verfügung stellen kann.

Du bist, was du isst

Unser Körper besteht aus ca. 80 Billionen Zellen und jede Sekunde sterben bis zu 50 Millionen davon. Im besten Fall werden in der gleichen Anzahl neue gebildet. Als Baustoffe benötigt der Körper dafür Luft, Licht, Wasser und Nahrung. Die Ernährung ist eine wesentliche Stellschraube: Je besser die Qualität und Zusammensetzung der Nahrung ist, desto gesünder sind die Zellen, die aufgebaut werden. Aus Zellen entstehen Blut und Gewebe. Gewebe bilden die Organe und Knochen und daraus setzt sich der ganze Körper zusammen. Unser Körper besteht also aus den Lebensmitteln, die wir täglich essen.

Der Körper kann eine falsche Ernährung über einen langen Zeitraum kompensieren und trotzdem weiter funktionieren. Aber oftmals ist er in der zweiten Lebenshälfte schon so weit aus dem Gleichgewicht geraten, dass er nicht mehr von allein auf seine Selbstheilungskräfte zurückgreifen kann. Krankheiten und Beschwerden entstehen.

Profitiere daher von der ayurvedischen Ernährung als einfacher täglicher Präventionsmaßnahme, damit es erst gar nicht so weit kommt. Und wenn du aus dem Gleichgewicht geraten bist, nutze eine Ernährungsumstellung, um deine Selbstheilungskräfte wieder zu aktivieren.

» *Eure Nahrungsmittel sollen eure Heilmittel sein und eure Heilmittel sollen eure Nahrungsmittel sein.* «

Hippokrates von Kos

Einfache Prinzipien für die tägliche Ernährung

Um gesund zu bleiben und den Körper im Gleichgewicht zu halten, solltest du dich bei der täglichen Ernährung an ein paar Leitlinien orientieren:

1. Qualität vor Quantität Kaufe frisches, vollreifes Obst und Gemüse und möglichst unverarbeitete Lebensmittel. Achte auf die Menge, damit du sie immer frisch genießen kannst. Frische Lebensmittel enthalten viel Lebensenergie und stärken dein Wohlbefinden. Mit Biolebensmitteln führst du deinem Körper weniger Schadstoffe zu, unterstützt die umweltgerechte Herstellung und somit das Gleichgewicht in der Natur.

2. Saisonal und regional Bevorzuge Lebensmittel aus deiner Umgebung, um Ressourcen zu schonen, und Lebensmittel der Saison. Letztere balancieren natürlicherweise die Ungleichgewichte der Jahreszeiten aus. Zum Beispiel schmeckt im heißen Sommer ein kühlender Salat am besten, im Winter tut eher erdendes, wärmendes Wurzelgemüse gut.

3. Mehr Gemüse und Obst Gemüse und Obst stellen die Zufuhr von Vitaminen sicher, die der Körper (bis auf Vitamin D) nicht selbst herstellen kann. Mit frischem Obst und Gemüse hast du auch immer einen gesunden Snack im Haus.

4. Regelmäßig Eiweiß auf dem Speiseplan Eiweiß ist *der Baustoff* im Körper und sorgt unter anderem für die Bildung gesunder Zellen, von Hormonen, Enzymen und Botenstoffen für eine gute Hirnfunktion. Im Ayurveda gehören Hülsenfrüchte, eiweißhaltige Getreidesorten (z. B. Buchweizen, Quinoa, Hafer), Nüsse und Samen zur täglichen Ernährung.

5. Milch und Milchprodukte in Maßen Milchprodukte gelten im Ayurveda als schwer verdaulich. Bei einigen Konstitutionen können sie auch zu Verschleimungen im Körper führen. Deshalb empfiehlt der Ayurveda, auf die Verträglichkeit zu achten und Milchprodukte nur in Maßen zu konsumieren. Milch wird im Ayurveda überwiegend warm und mit Gewürzen verfeinert getrunken und zur Zubereitung von Getreidebreien verwendet.

6. Fleisch und Fisch als Ergänzung Als Schwesternwissenschaft des Yoga steht im Ayurveda Gewaltlosigkeit an erster Stelle. Fleisch kommt in den ayurvedischen Schriften überwiegend in Form von Fleischsuppen zur Stärkung vor. Da Ayurveda nicht dogmatisch ist, ist es deine persönliche Entscheidung, Fleisch und Fisch zu essen. Menschen, die einen trägen Stoffwechsel haben, sollten Fleisch und Fisch in Maßen und vorzugsweise mittags essen. Achte beim Einkauf auf nachhaltige Zucht.

7. Getreide statt Brot Brot gehört im Ayurveda nicht zur Ernährungsbasis. Bei manchen Konstitutionen führt es zu Blähungen, bei anderen zu Sodbrennen. Achte darauf, wie gut du es verdauen kannst. Sauerteigbrote sind meist besser verträglich als Hefebrote. Probiere auch mal ein warmes Getreidefrühstück aus Hafer oder Hirse aus.

8. Regelmäßig essen – Pausen einhalten Regelmäßiges Essen beruhigt Körper und Geist. Um die Verdauung nicht zu unterbrechen, ist es sinnvoll, 4–6-stündige Pausen zwischen den Mahlzeiten einzulegen. Vermeide viele Mahlzeiten und häufige Snacks.

9. Gekochte und frisch zubereitete Mahlzeiten bevorzugen Iss möglichst oft selbst zubereitete warme Mahlzeiten. Warme Speisen regen deine Verdauung und deinen Stoffwechsel an. Selbst schwer Verdauliches kann warm besser aufgespalten und verwertet werden. Mindestens eine Mahlzeit am Tag sollte warm sein. Reduziere Fertiggerichte und Konserviertes und bereite deine Mahlzeiten bevorzugt frisch zu.

10. Gewürze und Kräuter verwenden Gewürze sind Heilmittel. Sie enthalten bis zu 50-mal mehr Antioxidantien als Früchte und Gemüse und unterstützen die Verdauung. Gewürze und Kräuter erleichtern die Entgiftung und unterstützen die heilende Wirkung deiner Mahlzeiten.

11. Auf die richtigen Kombinationen achten Um den Stoffwechsel zu stärken und die Mahlzeiten leichter verdaulich zu machen, achtet der Ayurveda auf die richtigen Nahrungsmittelkombinationen. Nicht alle Nahrungsmittel können gleich gut zusammen verwertet und vollständig aufgespalten werden. Das kann bei einer ungünstigen Zusammenstellung von Zutaten zur Bildung von Toxinen, Gär- und Fäulnisprozessen oder Gasbildung führen. Milchprodukte zusammen mit frischen Früchten können z. B. zu Magengrummeln führen. Wenn das bei dir der Fall ist, probiere zu deinen Früchten alternativ einen Joghurt aus einer pflanzlichen Alternative (z. B. Kokosjoghurt, Seite 32) aus.

12. Alle sechs Geschmacksrichtungen in die Mahlzeiten integrieren Im Ayurveda hat jedes Nahrungsmittel mindestens eine der sechs Geschmacksrichtungen: süß, sauer, salzig, scharf, bitter und herb. Getreide ist z. B. süß, Ingwer scharf und Kräuter bitter. Die Geschmacksrichtungen haben unterschiedliche Wirkungen auf den Organismus und um Körper und Geist zufriedenzustellen und Heißhungerattacken vorzubeugen, sollten in den Mahlzeiten eines Tages alle sechs enthalten sein.

Du bist, was du verdaust

In der ayurvedischen Ernährung wird der Aspekt »Du bist, was du isst« erweitert durch »Du bist, was du verdaust«. Neben den Doshas Vata, Pitta und Kapha ist die Verdauungskraft das zentrale Element im Ayurveda.

Die besten Lebensmittel sind wertlos, wenn sie nicht gut aufgespalten und verwertet werden können. Nur bei optimaler Verdauung können gesunde Zellen gebildet und nachhaltig Energie zur Verfügung gestellt werden. Ist dies gegeben, entstehen keine unverdauten Abfallprodukte, die sich im Körper ablagern und ihn aus der Balance bringen können.

Stell dir deine Verdauungskraft wie ein Feuer vor: Dieses Verdauungsfeuer wird im Ayurveda »Agni« genannt. Bei manchen Menschen ist es eher ein loderndes Lagerfeuer, bei anderen ein kleines Teelicht. Ob du eine starke oder schwache, stabile oder wechselhafte Verdauungskraft hast, ist von vielen Faktoren abhängig:

- **Grundkonstitution.** Die individuelle Kombination von Vata, Pitta und Kapha in dir entscheidet maßgeblich darüber, welche Verdauungskraft du hast.
- **Ernährung.** Die Qualität und Eigenschaften deiner Lebensmittel stärken oder schwächen deine Verdauungskraft. Je weniger Aromastoffe, Konservierungsstoffe, Geschmacksverstärker, Zucker etc. du mit deiner Nahrung zu dir nimmst, desto besser.
- **Stress.** Zu lange Arbeitszeiten, Schichtdienst, Schlafmangel, Lärm, schnelles Essen und unterdrückte Bedürfnisse versetzen den Körper in Alarmbereitschaft. Die Verdauung und auch die Nährstoffaufnahme werden dadurch gedrosselt.
- **Krankheiten.** Infektionen mit Viren, Bakterien und Pilzen bringen die Verdauung aus der Balance.
- **Umweltgifte.** Über die Haut gelangen Giftstoffe, z. B. aus der Kleidung, aus Kosmetika, Desinfektionsmitteln und Parfum, in den Körper, über das Blut werden sie bis in den Verdauungstrakt transportiert und schwächen diesen. Auch Medikamente haben einen Einfluss auf die Stärke des Verdauungsfeuers.

Woran erkennst du, ob deine Verdauung in Balance ist? Im Ayurveda gilt eine tägliche Darmentleerung, vorzugsweise am Vormittag, die schnell geht, nicht von Blähungen oder Schmerzen begleitet wird und fast ohne Toilettenpapier auskommt, als ein Merkmal einer gesunden Verdauung.

Achte auf dein Verdauungsfeuer

Der Ayurveda unterscheidet vier Verdauungszustände (siehe Abbildung rechts):

Ausgeglichene Verdauung Eine regelmäßige und ausgeglichene Verdauung ist der Idealzustand. Je nach Zusammensetzung der Mahlzeit beträgt hier die Verdauungszeit maximal sechs Stunden. Die tägliche Darmentleerung am Vormittag geschieht automatisch. Du hast Hunger zu den Mahlzeiten, eine stabile Energie im Tagesverlauf, eine gute Leistungsfähigkeit und keinen unangenehmen Mundgeruch.

Sensible Verdauung Eine empfindliche Verdauung erkennst du daran, dass sie sehr anfällig für Stress ist, die Darmentleerung nicht immer täglich erfolgt und du auf Reisen länger brauchst, bis sich deine Verdauung wieder eingependelt hat. Das Verdauungsfeuer ist nicht stabil und es kann zu Verstopfung oder

Blähungen kommen. Eine empfindliche Verdauung ist oftmals auch mit Nahrungssensibilitäten, -unverträglichkeiten oder Allergien gekoppelt. Regelmäßiges, warmes Essen mit guten Fetten ist für diesen Verdauungstyp Regel Nummer eins.

Heiße Verdauung Hast du ständig Hunger und schlechte Laune, wenn es nichts zu essen gibt? Dann hast du wahrscheinlich eine heiße Verdauung, die durch ein sehr kräftiges Verdauungsfeuer gekennzeichnet ist. Du hast viel Hitze und Säure im System und alles wird schnell verbrannt. Brennt das Feuer zu stark, kann es zu Durchfall, Sodbrennen oder Magenschleimhautentzündungen kommen. Eine Reduktion von sauren Nahrungsmitteln wie z. B. Zitrusfrüchten, Tomaten und Alkohol ist für diesen Verdauungstyp hilfreich.

Träge Verdauung Wenn du eine träge Verdauung hast, hast du ein stabiles, aber kleines Verdauungsfeuer. Die Nahrung wird sehr gut verwertet und kleinere Nahrungsmengen reichen aus. Menschen mit einer trägen Verdauung fühlen sich nach dem Essen oft voll und schwer, vor allem, wenn die Portionen größer ausgefallen sind. Eine träge Verdauung führt schneller zu Übergewicht, Wassereinlagerungen und Verschleimungen.

Im Einklang mit dem Tagesrhythmus die Verdauung optimieren

Die Tageszeiten spielen im Ayurveda eine große Rolle, da sich die Verdauungskraft im Tagesverlauf verändert. So wie die Sonne am Mittag am höchsten steht, ist auch mittags das Verdauungsfeuer am stärksten.

Was bedeutet das in der Praxis?

1. Wecke deine Verdauung morgens sanft mit warmem Wasser oder Ingwerwasser, damit dein »Motor« langsam auf Touren kommt. Nachts verliert dein Körper bis zu zwei Liter Flüssigkeit. Deshalb starte nicht gleich mit einem Kaffee in den Tag, sondern fülle erst einmal deine Wasservorräte auf. Ingwerwasser pusht den Kreislauf und den Stoffwechsel, reinigt den Körper von innen und ist zusätzlich ein natürlicher Bakterienkiller. Probiere es aus – es geht auch ganz flott! Einfach ½ bis 1 cm (je nachdem, wie scharf du es magst) frischen Ingwer in Scheiben schneiden, mit kochendem Wasser aufbrühen und 10 Minuten ziehen lassen – fertig!
2. Manche Menschen wachen morgens mit Hunger auf, bei anderen steigt die Verdauungskraft langsam an. Egal welcher Typ du bist: Warme Speisen sind am besten als ayurvedisches Frühstück geeignet. Morgens ist die Verdauung noch nicht so aktiv. Ein Schinkenbrot mit Ei und Käse ist harte Arbeit für deinen Körper. Er wendet Energie und Kraft auf, die dir dann vielleicht für andere Aktivitäten fehlen. Das Vormittagstief ist programmiert. Warmer Getreidebrei dagegen ist sättigend und trotzdem leicht verdaulich. Er nährt dich, beruhigt dein Verdauungssystem und stärkt gleichzeitig deine Vitalität. Probiere es z. B. mal mit einem Haferporridge mit Nüssen und Nussmus oder einem anderen der vielen leckeren Frühstücksbrei-Rezepte aus diesem Buch. Wenn das gar nichts für dich ist, kannst du alternativ auch ein getoastetes Sauerteigbrot mit Aufstrich essen. Ziel ist es, für die nächsten 4 bis 6 Stunden satt zu sein.
3. Mittags ist die Verdauungskraft am stärksten. Nimm deshalb zwischen 11 und 14 Uhr die größte und vielseitigste Mahlzeit ein, die idealerweise aus Eiweiß, Gemüse und einer Getreidebeilage besteht. Eine gute Mischung sind z. B. zwei Fünftel Hülsenfrüchte, Fisch oder Fleisch, zwei Fünftel Gemüse und ein Fünftel Getreide wie z. B. Reis, Quinoa oder Couscous. Je stärker dein Hunger, desto größer wähle den Eiweißanteil, damit die Sättigung

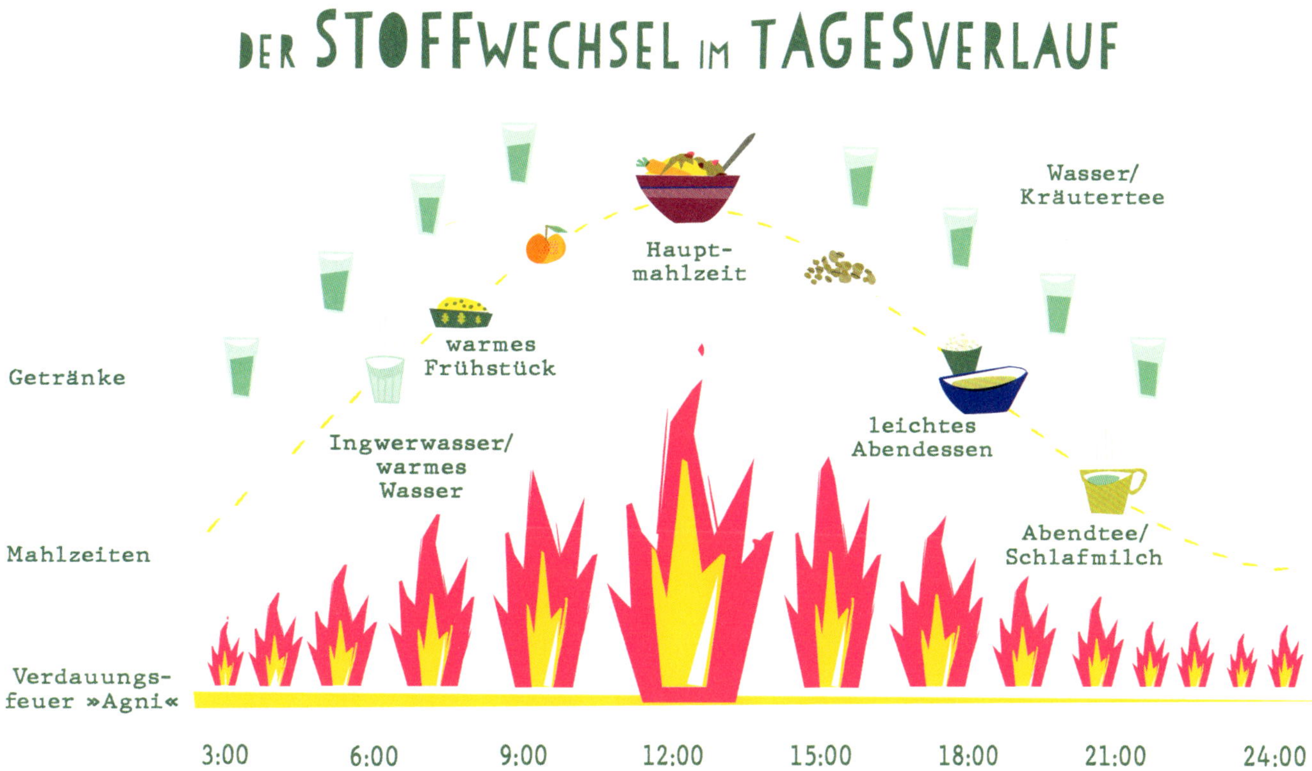

bis zur Abendmahlzeit anhält. Achte dennoch darauf, dass der Magen nie zu mehr als zwei Dritteln gefüllt ist. Iss also nie so viel, dass du dich nach dem Essen träge und schlapp fühlst. Das klassische Fresskoma solltest du in jedem Fall vermeiden. Wenn du denkst, eine Gabel könnte noch gehen, höre lieber mit dem Essen auf.

4. Zum Abend hin nimmt die Verdauungskraft wieder ab und der Körper bereitet sich auf die nächtlichen zellulären Aufräum- und Reparaturarbeiten vor. Iss deshalb 2 bis 3 Stunden vor dem Schlafengehen eine leichte Mahlzeit, damit die physische Verdauung abgeschlossen ist, bevor die Regenerationsprozesse beginnen. Eine leichte Mahlzeit sind z. B. eine Suppe oder Ofengemüse (Seite 57) mit Hummus. Rohkost oder Salat sind eher schwer verdaulich und stören die Zellreinigungsprozesse.
5. Der Ayurveda empfiehlt, zwischen den Mahlzeiten immer Pausen einzuhalten, damit der Verdauungsvorgang vollständig abgeschlossen werden kann. Wenn trotzdem Zwischenmahlzeiten erforderlich sind, greife vormittags zu frischem Obst, Obstmus oder Nüssen und am Nachmittag zu Trockenfrüchten, Nüssen oder Tee, z. B. einem indischen Chai, mit Nüssen. Auch ein Stück dunkle Schokolade ist ein guter Snack.

Mit guter Verdauung für einen klaren Geist sorgen

In den östlichen Ernährungswissenschaften gilt der Verdauungstrakt schon immer als das »Zentrum der geistigen und körperlichen Kraft«. Ohne es wissenschaftlich bewiesen zu haben, wussten die Ayurveda-Ärzte schon vor 3000 Jahren, dass der Darm nicht nur für das Immunsystem eine entscheidende Bedeutung hat. Ihnen war klar, dass es eine Verbindung zwischen dem Verdauungssystem und dem Gehirn gibt. Funktioniert die Verdauung einwandfrei, ist der Mensch ausgeglichen, verfügt über ein gutes Immunsystem und viel Energie, kann sich gut konzentrieren und ist leistungsfähig.

Seit einigen Jahren beschäftigen sich auch die westlichen Wissenschaften mit der Beziehung zwischen Darm und Gehirn. Dabei wurde bestätigt, dass es verschiedene Verbindungen zwischen Darm und Gehirn gibt:

- Der **Magen-Darm-Trakt** besteht aus einem Geflecht von über 100 Millionen Nervenzellen: dem enterischen Nervensystem. Es wird häufig das »Bauchhirn« genannt, da es dem Gehirn sehr ähnlich ist. Zwischen dem enterischen Nervensystem und dem Gehirn werden permanent Informationen über Neurotransmitter wie z. B. Serotonin und Dopamin ausgetauscht. Störungen im Darm haben dadurch direkten Einfluss auf die Psyche.
- Der **Vagusnerv** ist Teil des Parasympathikus, des »Ruhenervs«. Er verbindet Verdauungstrakt und Gehirn. Der Vagusnerv ragt bis in die Darmhülle hinein und leitet Informationen über den Zustand des Verdauungstrakts weiter. Umgekehrt ist er auch dafür verantwortlich, dass emotionale Zustände (z. B. Stress) einen unmittelbaren Einfluss auf die Darmtätigkeit (z. B. Durchfall als Folge davon) haben.
- Das **Mikrobiom**, die Sammlung aller Bakterien, Viren, Pilze und Mikroben, die in unserem Darm leben, beeinflusst ebenfalls unsere Stimmung und unser Verhalten. In mehreren Studien wurde nachgewiesen, dass die Zusammensetzung des Mikrobioms Einfluss auf unsere Gehirnfunktion und unsere Emotionen hat.

Da die Ernährung Einfluss auf die Darmgesundheit hat, beeinflusst sie auch die Gehirngesundheit. Eine gute Ernährung sorgt damit auch für mentales und emotionales Wohlbefinden.

Wie sieht nun im Ayurveda eine gesunde und ausgewogene Ernährung aus? Hier kann die ayurvedische Ernährungspyramide (Seite 22) einen guten Überblick geben:

Die Basis bilden ausreichend Flüssigkeit – in Form von warmem stillem Wasser und Kräutertee –, Gemüse, Hülsenfrüchte und Getreide. Obst, Rohkost und Salate werden als Beilagen gegessen. Für Power sorgen Öle, Nüsse und Saaten, für gesunde Antioxidantien Gewürze und Kräuter. Milchprodukte oder pflanzliche Alternativen sowie Fleisch, Fisch und Eier werden in Maßen (max. 2–3-mal wöchentlich) gegessen. Süßes, Kuchen, Gebäck und Schokolade stehen an der Spitze der Pyramide und sind nur seltene Genussmittel.

Einfacher Start ins ayurvedische Kochen

Wie sieht ayurvedisch Kochen nun praktisch im Alltag aus? Wenn du deine Ernährung Schritt für Schritt und nach deinen Bedürfnissen umstellst, wirst du sehen: Es ist ganz leicht!

Es gibt im Ayurveda die Vorstellung, dass die Küche wie das Herz sein sollte: rot, pulsierend und voller Liebe. Was bedeutet das?

Rot ist das Symbol für das individuelle Verdauungsfeuer.

Pulsierend Die Küche ist Mittelpunkt des kreativen und fröhlichen Lebens mit Familie und Freunden – vibrierend und voller Lebensfreude.

Voller Liebe Die Liebe und Hingabe, mit der du deine Mahlzeiten kochst, überträgt sich auf die Esser.

Die ayurvedische Ernährung ist einfach und logisch: Lebensmittel sind nicht grundsätzlich gut oder schlecht, sondern es geht darum, wie sie individuell auf dich, deinen Körper und deinen Geist wirken. Passe das Essen deinen Bedürfnissen an. Ein Haferporridge am Morgen wärmt, erdet und ist das ideale Frühstück für die kühle Jahreszeit. In der Sommerhitze hast du wahrscheinlich mehr Lust auf einen Kokosjoghurt oder eine Himbeer-Smoothie-Bowl. Probiere aus, womit du dich am wohlsten fühlst.

Taste dich Schritt für Schritt an die ayurvedische Ernährung heran. Wo fällt es dir am leichtesten, mit Veränderungen zu beginnen? Beim Frühstück, Mittagessen oder Abendessen? Suche dir beispielsweise pro Woche ein passendes Rezept heraus, probiere es aus und schaue, wie es dir bekommt. In der nächsten Woche kommt ein weiteres dazu. So stellst du mühelos eine Sammlung neuer ayurvedischer Rezepte zusammen.

Die Rezepte in diesem Buch sind für jeden geeignet. Durch wenige Zutaten sind sie für den Körper gut aufzuspalten und zu verwerten. Gewürze unterstützen deine Verdauung und tragen dazu bei, dass der Körper die Nährstoffe besser aufnehmen kann. Wenn du das Gefühl hast, dass du nicht satt wirst, erhöhe die Menge oder füge mehr Eiweiß (in Form von Hülsenfrüchten, Nüssen, Tofu, Feta usw.) hinzu.

Mahlzeiten planen

Jeder Mensch ist anders. Dem einen fällt es leicht, freitags einen Mahlzeitenplan für die komplette folgende Woche zu machen, samstags entsprechend einzukaufen und in der nächsten Woche nur noch einmal für frische Lebensmittel loszugehen. Für andere ist das Vorausplanen der Mahlzeiten ein Albtraum. Vieles ist eine Frage der Gewohnheit. Planst du in deinem Berufsleben regelmäßig Termine und Aufgaben? Wenn es dort funktioniert, warum sollte es dann nicht auch in deinem Ernährungsalltag möglich sein? Und auch wenn es anders kommt als geplant, ist es aufgrund der wenigen Zutaten kein Problem, diese schnell zu besorgen, und du kannst deiner Kreativität freien Lauf lassen.

Die nächsten Tage im Auge behalten

Du bist nicht der Typ, der eine komplette Woche durchplant? Dann behalte einfach die nächsten Tage im Auge, damit du nicht plötz-

lich hungrig vor dem leeren Kühlschrank stehst und dann doch zur Tiefkühlpizza greifst. Für eine gesunde Ernährung ist ein wenig Vorausdenken nötig, da es nicht immer möglich ist, frische, gesunde Mahlzeiten fix und fertig einzukaufen.

Denk beispielsweise über die Mahlzeiten für drei Tage in der Woche nach und kaufe dafür ein. Das Frühstück wiederholt sich in der Regel an mehreren Tagen, so dass der Aufwand überschaubar bleibt. Mittags gibt es eventuell in der Kantine ein vollwertiges Mittagessen oder du bereitest dir ein To-go-Gericht für mehrere Tage vor. Ich empfehle, drei Abendessen pro Woche vorauszuplanen, da du dann immer noch flexibel reagieren kannst, wenn Planänderungen eintreten oder du spontan zum Essen eingeladen wirst.

Vorbereitung von der Zubereitung trennen

Eine gute Möglichkeit, schnell fertige Mahlzeiten parat zu haben, ist das Trennen der Vorbereitung von der Zubereitung.

Das bedeutet, dass du z. B. an einem fixen Tag in der Woche Mahlzeiten vorbereitest, d. h. Gemüse klein schneidest oder Getreide vorkochst, um zu einem späteren Zeitpunkt zügig z. B. Ofengemüse mit Feta oder einen sättigenden Gemüseeintopf zubereiten zu können. Das Gleiche gilt für Salatsaucen, Pestos oder Chutneys. Diese bereite ich immer im Voraus zu. Pestos friere ich sogar ein und die Salatsauce hält sich im Kühlschrank mindestens eine Woche.

Reste für weitere Mahlzeiten verwerten

Berücksichtige bei der Vor- und Zubereitung auch spätere Mahlzeiten. Wenn du z. B. Ofengemüse zubereitest, kannst du es am nächsten Tag als Mittagsmahlzeit mit ein paar frischen Rucolablättern und einer Sauce als Salat im Glas mitnehmen oder du bereitest von dem Eintopf am Abend eine größere Menge vor, nimmst ihn am nächsten Tag mit ins Büro oder isst mit der Familie auch am nächsten Abend noch einmal davon.

Du wirst sehen, mit ein wenig Planung und Vorbereitung kannst du ganz einfach für eine gesündere Ernährung sorgen. Und damit nicht genug: Eine gute Vorbereitung und Resteverwertung sind auch ein Gewinn für die Umwelt. Bei sorgfältiger Planung landen weniger Lebensmittel im Müll und Ressourcen werden dadurch geschont. Eine klassische Win-win-Situation also!

Gewürze und Kräuter genießen

Im Ayurveda sorgen Gewürze und Kräuter nicht nur für den guten Geschmack, sondern sie stärken auch das Verdauungsfeuer und verbessern die Verdaulichkeit und Aufnahme von Nährstoffen. Das heißt, sie unterstützen die Verdauung schwerer Mahlzeiten und unverträglicher Lebensmittelkombinationen. Aufgrund der stark antioxidativen Eigenschaften von Gewürzen und Kräutern haben ayurvedische Mahlzeiten gleichzeitig eine vorbeugende und heilende Wirkung.

In diesem Kochbuch sind die Rezepte mild gewürzt. Wenn du dich mit der ayurvedischen Küche vertraut gemacht hast, kannst du entsprechend deinem Geschmack stärker nachwürzen. Für den Einstieg kannst du gemahlene Gewürze verwenden. Der Vorteil hierbei ist, dass es schnell geht und trotzdem gut schmeckt. Wenn du mehr Zeit und Freude am ayurvedischen Kochen und dem Verarbeiten frischer und nicht zerkleinerter Gewürze hast, kannst du dir einen Mörser anschaffen und die Gewürze ganz frisch zerstoßen. Dabei werden die Samen und Körnchen aufgebrochen und ätherische Öle freigesetzt – eine wahre Geruchs- und Geschmacksexplosion!

Deine Ayurveda-Challenge

Wenn du Ayurveda in dein tägliches Leben integrieren möchtest, nutze ein Smiley-Board mit den verschiedenen Ayurveda-Routinen als wunderbare Motivation. Den Link zu dem PDF des Smiley-Boards findest du hinten im Buch (Seite 142).
Tipp: Drucke dir die Seite aus und hänge sie an deinen Kühlschrank. Für jede Woche benötigst du ein Board.
Für jede Routine, die du durchgeführt hast, belohne dich mit der Komplettierung des Smileys durch einen Halbkreis. So steigt die gute Energie in deiner Küche, denn jede Woche werden dich mehr Smileys anlächeln!

Die gute Basis:

VORRÄTE UND KÜCHENUTENSILIEN

Eine gute Vorratshaltung erleichtert die einfache und schnelle Zubereitung nährstoffreicher Mahlzeiten. Hier bietet die ayurvedische Küche einen großen Vorteil, da viele Zutaten getrocknet sind und lange aufbewahrt werden können.

HALTBARE LEBENSMITTEL

- Mungbohnen, rote Linsen
- Basmatireis
- Ghee (geklärte Butter)
- Olivenöl, Sesamöl, Kokosöl
- Apfelessig
- Tamari
- Kokosblütenzucker, Ahornsirup, Rohrzucker
- Kokosmilch
- Kokosraspel, gemahlene Mandeln
- Cashewkerne, Kürbiskerne, Walnüsse
- kandierter Ingwer
- Marzipan
- Datteln, Aprikosen
- Honig
- Kräutertees

FRISCHE PRODUKTE (NACH SAISON)

- Ingwer
- Zitronen, Limetten
- Knoblauch
- Äpfel, Birnen, Beeren, Granatapfel
- Wurzelgemüse wie Möhren, Rote Bete, Süßkartoffeln, Kürbis
- grüne Blattgemüse, Brokkoli, Spinat, Salate
- Avocados
- Erbsen, Bohnen
- frischer Koriander, Petersilie, Schnittlauch, Pfefferminze

WICHTIGE KÜCHENGERÄTE

- scharfe Messer
- Küchenwaage
- Pürierstab oder Hochleistungsmixer
- Saftpresse
- Reibe
- ggf. Mörser

GEWÜRZE

- Schau dir zum Einstieg die 10 Gewürze der Basisausstattung an.

VERSCHIEDENES

- Naturjoghurt oder pflanzliche Alternative
- Schafs-, Ziegenkäse, Feta

Deine Basis an Gewürzen und Ölen

Für dieses Kochbuch wird eine kleine Grundausstattung von drei Ölen und einem Fett, zehn Gewürzen (sowohl europäische als auch ayurvedische), Salz, Pfeffer und Gemüsebrühenpulver vorausgesetzt. Zum Einstieg verwenden wir alle Gewürze als Pulver. Wenn du langfristig Freude am Kochen mit Gewürzen hast, lohnt sich die Anschaffung eines Mörsers. Bezugsquellen für die Gewürze findest du am Ende dieses Buchs (Seite 142).

Gewürze

1. Vanille – belebend, entzündungshemmend und aphrodisierend
2. Zimt – süßend, regt den Kreislauf an, verbessert die Ausscheidung und senkt den Blutzucker
3. Kardamom – appetitanregend, verdauungsfördernd, kräftigt das Herz und fördert das Gedächtnis
4. Chili – würzig bis sehr scharf, stärkt das Verdauungsfeuer, macht schwere Speisen leichter verdaulich
5. Kurkuma – beste Medizin im Ayurveda, blutreinigend, krebshemmend (in Kombination mit schwarzem Pfeffer) und entzündungshemmend, besonders gut für die Verdauung von Eiweiß
6. Koriander – verdauungsfördernd, entkrampfend, beruhigend
7. Kreuzkümmel – bestes Gewürz bei Verdauungsbeschwerden, lindert Blähungen, Durchfall und Übelkeit
8. Oregano – verdauungsfördernd, entzündungshemmend, antibakteriell
9. Thymian – stimmungsaufhellend, entzündungshemmend und kräftigend, regt die Verdauung an
10. Fenchel – entblähend, verdauungsfördernd und beruhigend, sehr gut für die Milz

Öle & Fette

1. Olivenöl – ideal für Dressings, zum Dünsten von Gemüse, schützt die Gefäße, beugt Herz-Kreislauf-Erkrankungen vor
2. Ghee (geklärte Butter) stärkt die Verdauungsorgane und macht die Speisen bekömmlicher
3. Kokosöl – besonders hitzestabil, leicht verdaulich, cholesterinfrei
4. Sesamöl (geröstet) – intensiver, nussiger Geschmack, zur Verfeinerung und zur Beruhigung des Magen-Darm-Trakts, sparsam verwenden

Gemüsebrühenpulver

Bitte achte beim Gemüsebrühenpulver auf eine gute Qualität: möglichst bio, ohne Zucker, Geschmacksverstärker und Konservierungsstoffe. Wenn du auf Nummer sicher gehen willst, stelle selbst größere Portion der Gemüsebrühenpaste (Seite 108) her.

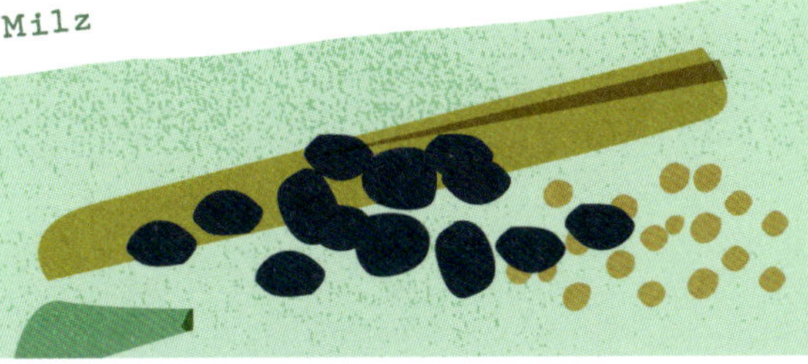

CURRY
KOKOS

Die REZEPTE

HIRSE-PORRIDGE MIT KARAMELLISIERTEM APFEL

7
DATTELN, ENTSTEINT

500 ml
REISMILCH

80 g
HIRSEFLOCKEN

1 EL
LEINSAMEN, GESCHROTET

1
APFEL

2 EL
AHORNSIRUP

AUS DEM VORRAT: 1 PRISE SALZ • 1 TL ZIMT

2 PORTIONEN

15 MIN.

Datteln würfeln. • 6 Datteln, Salz und Reismilch fein pürieren. • Die Mischung mit den Hirseflocken, Leinsamen und ½ TL Zimt in einen Topf geben. 5 Min. köcheln lassen. • Apfel waschen, entkernen und in Spalten schneiden. In einer Pfanne mit dem Ahornsirup von beiden Seiten bei mittlerer Hitze schmoren. • Porridge auf zwei Schüsseln verteilen. Apfelspalten und restliche Dattelstücke darauf verteilen. Mit Zimt bestreuen.

Tipp:
Sechs Datteln über Nacht in der Reismilch einweichen.

BIRNEN-HAFER-FRÜHSTÜCK

100 g
HAFERFLOCKEN

1
BIRNE

50 g
MANDELBLÄTTCHEN

2 TL
HONIG

AUS DEM VORRAT: 200 ML WASSER • 1 EL GHEE • 1 PRISE VANILLEPULVER

2 PORTIONEN

15 MIN.
+ 8 STD.
EINWEICHEN

Haferflocken über Nacht in Wasser einweichen. • Birne vom Kerngehäuse befreien und in kleine Stücke schneiden. • Ghee in einem Topf erhitzen, Birne und Vanillepulver hinzufügen und auf kleiner Hitze 5 Min. schmoren. Haferflocken dazugeben. 10 Min. köcheln lassen. Evtl. mehr Wasser hinzufügen. • Mandelblättchen in einer Pfanne ohne Fett anrösten. • Brei abkühlen lassen, Honig hinzufügen, auf zwei Schalen verteilen und mit Mandelblättchen bestreuen.

Tipp:
Pittas können statt Ghee Kokosöl verwenden.

MANGO-BANANEN-OVERNIGHT-OATS

1
REIFE MANGO

1
BANANE

200 ml
MANDELDRINK

100 g
HAFERFLOCKEN

2 EL
CHIASAMEN

1 EL
HONIG

AUS DEM VORRAT: ¼ TL VANILLEPULVER

2 PORTIONEN

15 MIN.
+ 8 STD.
QUELLEN

Mango schälen. Fruchtfleisch vom Kern lösen, in grobe Stücke schneiden und pürieren. Eventuell einen Schuss Mandeldrink hinzufügen. • Banane zerdrücken. Haferflocken, Chiasamen, Vanillepulver und Mandeldrink dazugeben und alles gut vermischen. Mit Honig süßen. • Mangopüree und Haferflockenmischung in zwei Gläsern im Wechsel übereinanderschichten. Mit Mangopüree abschließen. • Abgedeckt über Nacht in den Kühlschrank stellen. Ca. ½ Stunde vor dem Verzehr aus dem Kühlschrank nehmen.

BIRCHERMÜSLI

60 g
HAFERFLOCKEN

1
APFEL

20 g
HASELNÜSSE, GEHACKT

200 g
JOGHURT

1 EL
HONIG

2 EL
LEINSAMEN, GESCHROTET

AUS DEM VORRAT: 100 ML WASSER • ¼ TL VANILLEPULVER

2 PORTIONEN

15 MIN.
+ 2 STD.
EINWEICHEN

Haferflocken mindestens 2 Std. im Wasser einweichen. • Apfel waschen, entkernen und grob raspeln. • ⅔ der Haselnüsse zusammen mit den restlichen Zutaten unter die Haferflockenmasse rühren. Durchmischen und 4 Std. im Kühlschrank durchziehen lassen. • Zum Verzehr das Müsli rechtzeitig aus dem Kühlschrank nehmen, mit den restlichen Haselnüssen dekorieren.

Tipp:
Sehr lecker schmeckt das Müsli auch mit veganem Kokosjoghurt (Seite 32).

BEEREN-HIRSE-BREI

100 g
HIRSE

2 EL
GEHACKTE MANDELN

1 EL
MANDELMUS

2 TL
HONIG

100 g
HIMBEEREN

AUS DEM VORRAT: 375 ML WASSER • 1 PRISE SALZ • ½ TL VANILLEPULVER

2 PORTIONEN

10 MIN.
+ 15 MIN.
KOCHEN

Hirse im Sieb abbrausen, in einen Topf geben und mit Wasser aufgießen. • Salz und Vanillepulver hinzufügen, aufkochen und die Hirse zugedeckt 15 Min. weich kochen, bis sie das Wasser vollständig aufgenommen hat. • In der Zwischenzeit Mandeln in einer Pfanne ohne Fett anrösten. • Einige Himbeeren beiseitelegen. Die übrigen Beeren zusammen mit Mandelmus und Honig in den Hirsebrei rühren. Gehackte Mandeln und restliche Himbeeren darüberstreuen.

Tipp:
Mit Früchten, Gewürzen und Nüssen kann der Hirsebrei beliebig variiert werden.

KOKOSJOGHURT

2
DATTELN, ENTSTEINT

1 Liter
KOKOSMILCH

1 Tütchen
JOGHURTKULTUREN FÜR VEGANE JOGHURTS

AUS DEM VORRAT: SALZ

1 KG JOGHURT

10 MIN. + 8 STD. EINWEICHEN + 12 STD. FERMENTIEREN

Datteln über Nacht in Wasser einweichen. • Datteln ohne Wasser mit Kokosmilch und einer Prise Salz sehr fein pürieren. Beim ersten Mal ein Tütchen Joghurtkulturen hinzufügen (beim nächsten Mal 100 g des fertigen Joghurts) und die Mischung ordentlich verrühren. • Anschließend die Menge auf saubere Gläser verteilen und in einen Joghurtbereiter oder an einen warmen Ort stellen. Nach 12 Stunden ist der Kokosjoghurt fertig.

Tipp:
Schmeckt auch sehr gut: Datteln weglassen, Vanillepulver hinzufügen.

SÜSS-SCHARFES FRUCHTKOMPOTT

2
KLEINE ÄPFEL

4
GETROCKNETE PFLAUMEN

2 cm
INGWER

½
BIO-ZITRONE

½–1 TL
HONIG

2 EL
KOKOSRASPEL

AUS DEM VORRAT: 50 ML WASSER • 1 PRISE ZIMT

2 PORTIONEN

20 MIN.

Äpfel entkernen und mit den Pflaumen in kleine Stücke schneiden. Ingwer schälen und hacken. • Zitrone waschen, ½ TL Schale abreiben. Eine Zitronenhälfte auspressen. • Alle Zutaten bis auf Honig und Kokosraspel in einen Topf geben und bei mittlerer Hitze 5–10 Min. köcheln lassen. • Abkühlen lassen, mit Honig süßen, auf zwei Schalen verteilen und mit Kokosraspeln bestreuen.

OATS MIT HIMBEER-CHIA-MARMELADE

100 g
HAFERFLOCKEN

200 ml
MANDELDRINK

4 EL
CHIASAMEN

2 EL
HONIG

125 g
HIMBEEREN

1 EL
ZITRONENSAFT

AUS DEM VORRAT: ½ TL VANILLEPULVER

2 PORTIONEN

15 MIN. + 2 STD. QUELLEN

Haferflocken mit Mandeldrink, 2 EL Chiasamen, Vanillepulver und 1 EL Honig vermischen. • Für die Marmelade die Himbeeren zusammen mit 1 EL Honig und Zitronensaft mit einer Gabel zerdrücken, bis ein Brei entsteht. 2 EL Chiasamen untermischen. • Beide Mischungen ca. 2 Stunden im Kühlschrank quellen lassen. • In zwei Gläsern jeweils Haferflockenmischung und Marmelade übereinanderschichten und servieren.

OBSTSALAT

1
MANGO

100 g
BLAUBEEREN

1
KIWI

1
ORANGE

HONIG

½
BUND MINZE

AUS DEM VORRAT: 1 PRISE KARDAMOM

2 PORTIONEN

20 MIN.

Mango schälen, Fruchtfleisch vom Kern lösen und in kleine Stücke schneiden. Blaubeeren waschen und hinzufügen. • Kiwi und Orange ebenfalls schälen. Kiwi in kleine Stücke schneiden, Orangenfilets auslösen und restliche Orange auspressen. Saft mit Honig und Kardamom verrühren. • Den Obstsalat auf zwei Schüsseln verteilen, mindestens 30 Min. durchziehen lassen und mit klein geschnittener Minze servieren.

SCHOKO-QUINOA-PORRIDGE MIT GRANATAPFEL

100 g
QUINOA

400 ml
REIS-KOKOS-DRINK

1 EL
KAKAOPULVER

2 EL
AHORNSIRUP

2 EL
GRANATAPFELKERNE

3 EL
KOKOSRASPEL

AUS DEM VORRAT: ¼ TL ZIMT • 1 PRISE KARDAMOM • 1 PRISE STEINSALZ

2 PORTIONEN

10 MIN. + 20 MIN. KOCHEN

Quinoa im Sieb abbrausen. • Alle Zutaten bis auf die Granatapfelkerne und Kokosraspel in einem Topf verrühren. • Aufkochen und etwa 20 Min. leicht köcheln lassen, bis die Quinoa weich ist. Evtl. noch etwas Flüssigkeit hinzufügen. • Das Porridge vom Herd nehmen, 2 EL Kokosraspel unterrühren und mit den restlichen Kokosraspeln und Granatapfelkernen bestreuen.

Tipp:
Bananenscheiben schmecken auch gut als Topping.

QUINOA
gibt jede Menge Energie
und hält dank ihrer
EXTRAPORTION EIWEIß
lange satt.

GOLDENER MILCHREIS

1 cm
INGWER

100 g
MILCHREIS

1 EL
KOKOSRASPEL

400 ml
REIS-/KOKOSDRINK

6
GETROCKNETE APRIKOSEN

AUS DEM VORRAT: 1 MSP. KARDAMOM • ½ TL KURKUMA • 1 MSP. VANILLEPULVER • 1 PRISE SALZ

2 PORTIONEN

10 MIN. + 30 MIN. KOCHEN

Ingwer schälen und reiben. • Alle Zutaten bis auf die Aprikosen in einen Topf geben. 15 Min. bei mittlerer Hitze leicht köcheln lassen und dabei immer wieder umrühren. • Aprikosen klein hacken, hinzufügen und den Milchreis weitere 10–15 Min. köcheln lassen. • Sollte der Milchreis zu fest werden, einfach noch etwas Wasser hinzufügen.

Tipp:
Statt Aprikosen schmecken auch Datteln oder Feigen sehr gut dazu.

KNUSPERMÜSLI

125 g
WALNUSSKERNE

300 g
HAFERFLOCKEN

25 g
AMARANTH, GEPUFFT

50 g
SONNENBLUMENKERNE

25 g
SESAM

150 g
AHORNSIRUP

AUS DEM VORRAT: 60 G KOKOSÖL • 1 TL ZIMT

500 G MÜSLI

10 MIN. + 30 MIN. BACKEN

Backofen auf 180 °C vorheizen. • Walnüsse hacken. • Kokosöl in einem Topf schmelzen. • Walnüsse, Haferflocken, Amaranth, Sonnenblumenkerne, Sesam, Zimt, Ahornsirup und Öl gut mischen. • Die Mischung auf einem mit Backpapier belegten Backblech verteilen und im Ofen 25–30 Min. rösten, bis sie goldbraun ist. Nach 15 Min. einmal wenden. • Müsli abkühlen lassen. Luftdicht aufbewahren.

Tipp:
Anstelle von Walnusskernen schmecken auch Kürbiskerne im Müsli sehr gut.

HIMBEER-SMOOTHIE-BOWL

200 g HIMBEEREN — 1 BANANE — 2 EL MANDELMUS

½ AVOCADO — 2 DATTELN, ENTSTEINT — 2 EL CHIASAMEN

AUS DEM VORRAT: 200 ML WASSER • 1 PRISE VANILLEPULVER

2 PORTIONEN

5 MIN.

Alle Zutaten bis auf 8 Himbeeren und die Chiasamen pürieren, bis sie cremig sind. • Den Smoothie in zwei Schalen geben und mit Himbeeren und Chiasamen dekorieren.

Tipp:
Datteln über Nacht in Wasser einweichen – so wird der Smoothie noch cremiger.

AYURVEDISCHE HAFERWAFFELN

1 EL MANDELMUS — 150 g DINKELMEHL — 50 g HAFERFLOCKEN

50 g ROHRZUCKER — 1 TL BACKPULVER — 50 ml SPRUDELWASSER

AUS DEM VORRAT: 200 ML WASSER • 2 EL GHEE • 1 PRISE SALZ • ½ TL KURKUMA • 1 TL ZIMT • EVENTUELL ÖL ZUM AUSBACKEN

2 PORTIONEN

15 MIN. + 20 MIN. QUELLEN

Mandelmus mit stillem Wasser verrühren. Ghee erhitzen. • Mehl und Haferflocken mit Zucker, Salz, Backpulver, Kurkuma und Zimt mischen und in der Mitte eine Mulde formen. • Flüssiges Ghee, Mandelwasser und Sprudelwasser hineingießen und alles verrühren. Den Teig 20 Min. quellen lassen. • Waffeleisen vorheizen, eventuell einfetten, und nacheinander Waffeln ausbacken.

ERDBEER-CHIA-PUDDING

6 EL
CHIASAMEN

300 ml
MANDELMILCH

1½ EL
AHORNSIRUP

1 Päckchen
VANILLEZUCKER

250 g
FRISCHE ERDBEEREN

20 g
WALNÜSSE

AUS DEM VORRAT: ¼ TL ZIMT

2 PORTIONEN

10 MIN. +
30 MIN.
QUELLEN

Chiasamen, Mandelmilch, Ahornsirup, Vanillezucker und Zimt in eine Schüssel geben und gut vermischen. Die Mischung mindestens 30 Min. ruhen lassen, besser über Nacht im Kühlschrank quellen lassen. • Erdbeeren waschen und vierteln. Walnüsse grob hacken. • Chiapudding auf zwei Schalen verteilen und mit den Erdbeeren und Walnüssen als Toppings anrichten.

CHIASAMEN

sind ein äußerst ballaststoffreiches Pseudogetreide und machen somit lange satt.

BANANEN-PANCAKES

1 El
CHIASAMEN

150 g
DINKELMEHL

300 ml
MANDELMILCH

1
BANANE

1 El
HONIG

2 El
KOKOSFLOCKEN

AUS DEM VORRAT: 1 PRISE SALZ • 1 PRISE VANILLEPULVER • 2 EL KOKOSÖL

8–9 STÜCK

10 MIN.
+ 15 MIN.
QUELLEN

Chiasamen, Dinkelmehl, Mandelmilch, Salz und Vanillepulver in einer Schüssel zu einem homogenen Teig vermengen. • ½ Banane zerdrücken, zu dem Teig geben, alles gut vermischen und den Teig 15 Min. ruhen lassen. • In einer Pfanne das Kokosöl erhitzen und 1 Kelle Teig in die Pfanne geben. Den Pancake von beiden Seiten goldbraun braten. Aus dem übrigen Teig weitere Pancakes herstellen. • ½ Banane in Scheiben schneiden und die fertigen Pancakes mit den Bananenscheiben, Honig und Kokosflocken dekorieren.

* Je reifer die Bananen, desto süßer der Pancake (DIE ideale Verwertung für überreife Bananen)

SCHNELLES DINKELBROT

500 g
DINKELMEHL

½
WÜRFEL FRISCHE HEFE

2 EL
APFELESSIG

AUS DEM VORRAT: 500 ML HANDWARMES WASSER • 2 TL SALZ

1 BROT
À 1000 G
(KASTENFORM
26 CM)

5 MIN. +
20 MIN. GEHEN
+ 60 MIN.
BACKEN

Kastenform einfetten. • Mehl mit Salz mischen. • Hefe in handwarmem Wasser auflösen und 2 EL Apfelessig hinzugeben. Flüssigkeit zum Mehl geben und alles mischen. • Teig in die Form geben und mit einem Tuch bedeckt 20 Min. an einem warmen Ort gehen lassen. Oberfläche mit Wasser besprühen. • Backofen auf 200 °C stellen, Brot in den Ofen schieben und 60 Min. backen. Abkühlen lassen.

Tipp:
Dem Teig Samen und Kerne zufügen, sie machen das Brot besonders herzhaft.

EINFACHES BROT OHNE GLUTEN UND HEFE

175 g glutenfreie
HAFERFLOCKEN

80 g
LEINSAMEN

130 g
SONNENBLUMENKERNE

60 g
KÜRBISKERNE

4 EL
CHIASAMEN

6 EL
FLOHSAMENSCHALEN

AUS DEM VORRAT: 500 ML WASSER • 2 TL SALZ

1 BROT
À 1000 G
(KASTENFORM
26 CM)

10 MIN. +
3 STD. RUHEN
+ 80 MIN.
BACKEN

Kastenform einfetten. • Alle trockenen Zutaten mischen. Wasser hinzugeben und zu einem geschmeidigen Teig verkneten. • Teig in der Form verteilen, andrücken und glatt streichen. • Teig mindestens 3 Std., am besten über Nacht ruhen lassen. • Das Brot im Ofen ohne Vorheizen bei 200 °C ca. 80 Min. backen. • Noch heiß aus der Form nehmen und vor dem Anschneiden gut auskühlen lassen.

Tipp:
Statt der Kerne können auch Nüsse verwendet werden.

KNUSPRIGE DINKELKRUSTIES

500 g DINKELMEHL

5 g FRISCHE HEFE

AUS DEM VORRAT: 15 G SALZ • 325 ML HANDWARMES WASSER

CA. 12 KRUSTIES

10 MIN. + 24 STD. GEHEN + 15 MIN. BACKEN

Alle Zutaten verkneten, den Teig in eine mit Mehl bestäubte Form geben und zugedeckt 24 Stunden im Kühlschrank gehen lassen. • Backofen auf 220 °C vorheizen. • Die Arbeitsfläche mit Mehl bestäuben. Teig aus der Form stürzen, mit einem Spatel oder Messer daumendicke, gut 10 cm lange Stücke abstechen, mit beiden Händen fassen und einmal in Gegenrichtung verdrehen. • Die Teiglinge auf einen Backofenrost legen und im Ofen in etwa 15 Min. knusprig backen.

Tipp:
Krusties einfrieren und bei Bedarf aufbacken.

AVOCADO-TOMATEN-BROT

2 KNOBLAUCHZEHEN

½ LIMETTE

½ Bund KORIANDER

150 g KIRSCHTOMATEN

1 AVOCADO

2 SCHEIBEN BROT

AUS DEM VORRAT: 2 EL OLIVENÖL • ¼ TL SALZ • ¼ TL KREUZKÜMMEL • PFEFFER

FÜR 2 SCHEIBEN BROT

10 MIN. + 20 MIN. SCHMOREN

Backofen auf 150 °C vorheizen. • Knoblauchzehen kurz in kochendem Wasser blanchieren. Limette auspressen. Korianderblätter hacken. • Tomaten vierteln, mit 1 EL Olivenöl und 1 gepressten Knoblauchzehe mischen. 20 Min. im Backofen schmoren. • Avocado mit 1 Knoblauchzehe, Limettensaft, Salz und 1 EL Olivenöl mit der Gabel zerdrücken. Kreuzkümmel dazugeben. • Tomaten abkühlen lassen. • Brot rösten, Avocadocreme, Tomaten und gehackte Korianderblätter darauf verteilen.

Tipp:
Mit frischem Pfeffer bestreuen.

SÜSSKARTOFFELTOAST MIT AVOCADO

1 große
SÜSSKARTOFFEL

1
AVOCADO

2 El
FRISCHKÄSE

½
LIMETTE

2 El
KORIANDERBLÄTTER

2 El
SPROSSEN

AUS DEM VORRAT: 1 EL OLIVENÖL • SALZ, PFEFFER

2 PORTIONEN

10 MIN. + 20 MIN. BACKEN

Backofen auf 180 °C vorheizen. • Süßkartoffel der Länge nach in 5 mm dicke Scheiben schneiden. • Diese auf ein mit Backpapier ausgelegtes Backblech legen, mit Olivenöl bestreichen, mit Salz und Pfeffer würzen und im Ofen 20–25 Min. backen. • Avocado in Scheiben schneiden, Limette auspressen. • Süßkartoffeln aus dem Ofen nehmen, mit Frischkäse bestreichen und mit Avocadoscheiben belegen. Salzen und pfeffern. • Koriander und Sprossen über den Süßkartoffeltoasts verteilen und mit Limettensaft beträufeln.

Tipp:
Schmeckt auch sehr gut mit Hummus (Seite 70), Gurkenscheiben und Petersilie.

SCHARFER TOMATENAUFSTRICH

50
SONNENBLUMENKERNE

3
TOMATEN

2
GETROCKNETE TOMATEN

2 EL
MÖHRENSAFT

4 Stiele
FRISCHES BASILIKUM (KOMPLETT)

AUS DEM VORRAT: 200 ML WASSER • ½ TL SALZ • ½ TL CHILIPULVER • 1 PRISE PFEFFER

FÜR 1 GLAS À 200 ML

10 MIN. + 8 STD. EINWEICHEN

Sonnenblumenkerne über Nacht in Wasser einweichen. • Am Morgen das Wasser abgießen, die Kerne nochmals spülen und mit den restlichen Zutaten pürieren. • Der Aufstrich hält sich im Kühlschrank 2–3 Tage.

ERDBEER-CHIA-AUFSTRICH

200 g frische
ODER TK-ERDBEEREN

1 EL
CHIASAMEN

1 TL
ZITRONENSAFT

1 EL
HONIG

AUS DEM VORRAT: 1 MSP. VANILLEPULVER

FÜR 1 GLAS À 200 ML

10 MIN.

Frische Erdbeeren putzen, waschen und trocken tupfen, gefrorene etwas auftauen lassen. • Alle Zutaten in eine Schüssel geben, pürieren, gründlich verrühren und die Mischung in ein Glas füllen. • Der Aufstrich hält sich im Kühlschrank 6–7 Tage, kann aber auch portionsweise eingefroren werden.

Tipp:
Schmeckt auf Brot, Waffeln (Seite 37) und zu Joghurt.

INGWER-KURKUMA-SHOT MIT SANDDORN

1
ZITRONE

2
ÄPFEL

100 g
INGWER

50 g
FRISCHE KURKUMA

2 EL
SANDDORNSAFT

1 EL
HONIG

AUS DEM VORRAT: 1 PRISE PFEFFER

6 PORTIONEN

20 MIN.

Zitrone schälen, Äpfel vierteln, vom Kerngehäuse befreien und zusammen mit Ingwer und Kurkuma (beides ungeschält) in den Entsafter oder einen Mixer geben. • Falls ein Mixer verwendet wird, die flüssige Masse anschließend durch ein Sieb geben. • Den frisch gepressten Saft mit den übrigen Zutaten mischen und mit Wasser bis auf 200 ml auffüllen. • Den fertigen Shot entweder täglich im Schnapsglas genießen (30 ml) oder mit heißem Wasser aufgießen.

Tipp:
Im Kühlschrank ist der Shot ca. 1 Woche haltbar.

VEGANE GOLDEN MILK

1 cm
INGWER

300 ml
MANDELMILCH

1 ½ TL
AHORNSIRUP

AUS DEM VORRAT: 1 TL KURKUMA • ¼ TL ZIMT • 1 PRISE PFEFFER • ½ TL KOKOSÖL

2 GLÄSER À 150 ML

15 MIN.

Ingwer schälen und in Scheiben schneiden. Zusammen mit den Gewürzen und dem Kokosöl in die Mandelmilch geben. • Aufkochen und die Milch 5 Min. bei geringer Temperatur köcheln lassen. Mit Ahornsirup süßen. • Die Golden Milk nach Belieben mit einem Milchaufschäumer kurz aufschäumen und servieren.

Tipp:
Zusammen mit ein paar Mandeln ein toller und gesunder Snack!

ROTE-BETE-LINSEN-SALAT

300 g
ROTE BETE

50 g
ROTE LINSEN

70 g
RUCOLA

100 g
FETA

15 g
WALNÜSSE

1 EL
APFELESSIG

AUS DEM VORRAT: 3 EL OLIVENÖL • SALZ, PFEFFER

2 PORTIONEN

10 MIN. + 50 MIN. GAREN

Rote Bete in Alufolie wickeln und bei 180 °C im Backofen 50 Min. garen, bis sie weich ist. Schälen und in 1 cm große Würfel schneiden. • Linsen 10 Min. garen. • Rucola klein schneiden. Feta in 1 cm große Würfel schneiden. Walnüsse grob hacken. • Olivenöl und Essig verrühren, kräftig mit Salz und Pfeffer würzen. Das Dressing in einem Schraubglas im Kühlschrank aufbewahren. • Linsen, Rucola, Rote Bete, Feta und Walnüsse schichtweise in zwei Gläser geben, verschließen. Vor dem Verzehr das Dressing durchschütteln und über den Salat gießen. Gut mischen.

SPARGEL-RUCOLA-SALAT

500 g
WEISSER SPARGEL

30 g
GETROCKNETE TOMATEN OHNE ÖL

2 EL
HELLER BALSAMICOESSIG

2 TL
HONIG

40 g
RUCOLA

½ Bund
BASILIKUM

AUS DEM VORRAT: 250 ML GEMÜSEBRÜHE (SEITE 108) • SALZ, PFEFFER • 3 EL OLIVENÖL

2 PORTIONEN

20 MIN.

Spargel schälen, in 3 cm lange Stücke schneiden. In der Brühe aufkochen und zugedeckt 5 Min. köcheln lassen. Im Fond abkühlen lassen. • Tomaten würfeln, mit 100 ml Spargelfond und Essig in einem Topf 3 Min. köcheln lassen. Kräftig mit Salz und Pfeffer würzen. • Abkühlen lassen und mit Honig und Olivenöl verrühren. Spargel unterheben. • Rucola- und Basilikumblätter hacken. • Spargel-Tomaten-Mischung auf zwei Gläser verteilen, Rucola-Basilikum-Blätter darüberstreuen.

Tipp:
Vor dem Verzehr die Gläser schütteln, damit sich die Sauce verteilt.

LINSENSALAT MIT GETROCKNETEN TOMATEN

1
KNOBLAUCHZEHE

100 g
BELUGALINSEN

1 Bund
BASILIKUM

50 g getrocknete
TOMATEN IN ÖL

1 EL
BALSAMICOESSIG

25 g
PINIENKERNE

AUS DEM VORRAT: 3 EL OLIVENÖL • SALZ, PFEFFER

2 PORTIONEN

30 MIN.

Knoblauchzehe 1 Min. in kochendem Wasser blanchieren und schälen. • Linsen nach Packungsanleitung garen. • Basilikumblätter hacken. Getrocknete Tomaten würfeln. • Olivenöl, Basilikum, Essig, Tomaten und Linsen mischen. Knoblauch dazupressen. Kräftig mit Salz und Pfeffer abschmecken. • Den Salat in zwei Gläser geben. Pinienkerne in einer Pfanne ohne Fett rösten und darauf verteilen.

GRÜNKOHL-AVOCADO-SALAT

2
MÖHREN (150 G)

100 g
GRÜNKOHL

1
AVOCADO

2
FRÜHLINGSZWIEBELN

2 EL
ZITRONENSAFT

2 TL
HEFEFLOCKEN

AUS DEM VORRAT: 2½ EL OLIVENÖL • 1 TL SALZ • 2 MSP. SCHWARZER PFEFFER • ½ TL KREUZKÜMMEL

2 PORTIONEN

30 MIN.

Möhren grob raspeln, Grünkohl fein schneiden. Avocado in 1 cm große Würfel schneiden. Frühlingszwiebeln in Streifen schneiden. • Alle Zutaten in eine große Schüssel geben. Zitronensaft und Olivenöl durch Kneten in den Salat einmassieren. Mit den Gewürzen abschmecken. • Den Salat auf zwei Gläser verteilen. Er ist im Kühlschrank bis zu 3 Tage haltbar.

PASTINAKEN-ZUCCHINI-PUFFER

100 g
KICHERERBSENMEHL

1
ZWIEBEL

1 Zweig
ROSMARIN

3 EL
KÜRBISKERNE

100 g
PASTINAKE

100 g
ZUCCHINI

AUS DEM VORRAT: 170 ML GEMÜSEBRÜHE (SEITE 108) • ½ TL SALZ • PFEFFER • ½ TL THYMIAN • 1 TL KURKUMA • OLIVENÖL ZUM BRATEN

2 PORTIONEN

20 MIN. + 20 MIN. BRATEN

Gemüsebrühe aufkochen, Kichererbsenmehl einrühren, 10 Min. quellen lassen. • Zwiebel würfeln. Rosmarin und Kürbiskerne hacken. Pastinake schälen und mit der Zucchini in eine Schüssel reiben. • Alle Zutaten mischen und mit Salz, Pfeffer, Thymian und Kurkuma würzen. • Aus jeweils 1 EL Puffermasse kleine Puffer nebeneinander im heißen Öl 3–4 Min. von jeder Seite goldbraun backen.

Tipp:
Lecker mit Raita (Seite 71) oder einem Fruchtchutney.

QUINOAKÜCHLEIN

1
ZWIEBEL

1
KNOBLAUCHZEHE

50 g
LAUCH

60 g
QUINOA

1
EI

2 EL
HAFERFLOCKEN

AUS DEM VORRAT: 1 EL GHEE • 1 TL THYMIAN • 200 ML GEMÜSEBRÜHE (SEITE 108) • SALZ, PFEFFER

2 PORTIONEN

15 MIN. + 25 MIN. BRATEN

Zwiebel und Knoblauch würfeln. Lauch in Streifen schneiden. • Zwiebel, Lauch und Knoblauch in Ghee andünsten. • Quinoa waschen und zu dem Gemüse geben. Thymian hinzufügen, kurz mitbraten. Gemüsebrühe dazugießen. Alles ca. 15 Min. köcheln lassen, bis die Flüssigkeit eingekocht ist. • Mit Pfeffer und Salz würzen. Abkühlen lassen. • Ei und Haferflocken hinzufügen, bis eine formbare Masse entsteht. • Aus der Quinoa-Gemüse-Mischung Küchlein formen und goldbraun backen.

Tipp:
Anstelle von Knoblauch und Zwiebel Fenchel verwenden.

KÜRBIS-HIRSE-BÄLLCHEN

400 g
HOKKAIDO-KÜRBIS

1
ZWIEBEL

1
KNOBLAUCHZEHE

100 g
HIRSE

50 g getrocknete
TOMATEN IN ÖL

1 EL
SOJASAUCE

AUS DEM VORRAT: ½ TL KREUZKÜMMEL • 1 EL GHEE • 300 ML GEMÜSEBRÜHE (SEITE 108) • 1 TL KURKUMA

2 PORTIONEN

40 MIN. +
30 MIN.
BACKEN

Backofen auf 190 °C vorheizen. • Kürbis entkernen und würfeln. Im Ofen auf einem Blech 40 Min. backen. • In der Zwischenzeit Zwiebel und Knoblauch würfeln. Mit Kreuzkümmel in Ghee andünsten. • Hirse hinzufügen, anrösten, mit Brühe und Kurkuma ablöschen. Ca. 20 Min. köcheln lassen, bis die Flüssigkeit eingekocht ist. • Gebackenen Kürbis mit Schale zerdrücken. Unter die Hirse mischen. • Getrocknete Tomaten würfeln und mit Sojasauce unter die Hirsemasse kneten. • Bällchen formen, auf das Backblech legen und im Ofen 30 Min. backen.

Die

BÄLLCHEN

schmecken besonders lecker mit der ayurvedischen Joghurtsauce Raita (Seite 71)

TABOULEH

60 g QUINOA

1 ROTE ZWIEBEL

100 g COCKTAILTOMATEN

1 AVOCADO

½ Bund GLATTE PETERSILIE

1 EL ZITRONENSAFT

AUS DEM VORRAT: 180 ML GEMÜSEBRÜHE (SEITE 108) • 2 EL OLIVENÖL • SALZ, PFEFFER • 1 PRISE CHILI

2 PORTIONEN

25 MIN.

Quinoa waschen und 10 Min. in der Gemüsebrühe kochen. • Zwiebel würfeln und in 1 EL Olivenöl anschwitzen. • Tomaten vierteln. Avocadofruchtfleisch in Würfel schneiden. Petersilie hacken. • Quinoa abgießen und mit Zwiebel, Tomate, Avocado und Petersilie mischen. • Zitronensaft und restliches Olivenöl unterrühren und das Tabouleh mit Salz, Pfeffer und Chili abschmecken.

Tipp:
Sehr lecker schmeckt dazu noch frische Minze.

SPARGEL-RADIESCHEN-GEMÜSE

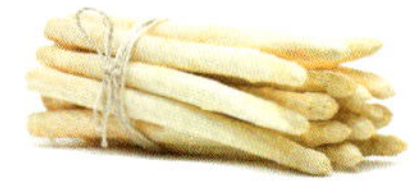

300 g WEISSER SPARGEL

300 g GRÜNER SPARGEL

5 RADIESCHEN

1 cm INGWER

1 TL ROHRZUCKER

1 Bund SCHNITTLAUCH

AUS DEM VORRAT: 2 EL GHEE • ½ TL STEINSALZ • 50 ML GEMÜSEBRÜHE (SEITE 108) • SALZ, PFEFFER

2 PORTIONEN

25 MIN.

Weißen Spargel schälen. Beim grünen Spargel die Enden großzügig abschneiden. Alle Stangen in Stücke schneiden. • Radieschen in Scheiben schneiden. Ingwer schälen und fein reiben. • Ingwer und Spargel in Ghee anbraten, mit Zucker und Salz bestreuen und 10 Min. schmoren lassen. • Brühe dazugießen, den Topf abdecken und den Spargel 5 Min. köcheln lassen. Radieschen kurz vor Schluss hinzufügen. • Das Gemüse mit gehacktem Schnittlauch bestreuen.

MEDITERRANES OFENGEMÜSE

1 ROSMARINZWEIG

1 GELBE PAPRIKASCHOTE

1 ZUCCHINI

2 ROTE ZWIEBELN

50 g OLIVEN

1 TL BALSAMICOESSIG

AUS DEM VORRAT: 2 TL THYMIAN • 2 EL OLIVENÖL • SALZ, PFEFFER

2 PORTIONEN

20 MIN.
+ 30 MIN. RÖSTEN

Backofen auf 200 °C vorheizen. • Rosmarin fein hacken. Mit Thymian und Öl mischen. • Paprika und Zucchini putzen, Zwiebeln schälen. Das Gemüse in mundgerechte Stücke schneiden. • Das Gemüse mit dem Gewürzöl mischen, auf ein mit Backpapier belegtes Backblech geben und im Ofen 30–35 Min. rösten. 5 Min. vor Garende die Oliven auf dem Gemüse verteilen. • Das Gemüse aus dem Ofen nehmen, mit Balsamicoessig beträufeln, salzen und pfeffern.

Tipp:
Dazu passt das Weiße Bohnenpüree (Seite 67) oder eine der Hummusvariationen.

AUBERGINENRÖLLCHEN MIT ZIEGENKÄSE

2 AUBERGINEN

3 EL HONIG

125 g ZIEGENFRISCHKÄSE

AUS DEM VORRAT: 6 EL OLIVENÖL • SALZ, PFEFFER • 2 TL THYMIAN

2 PORTIONEN

30 MIN.

Auberginen längs in feine Streifen schneiden. In Olivenöl mit Salz, Pfeffer und Thymian marinieren. • Auberginenstreifen nach und nach in einer Pfanne auf jeder Seite ca. 3 Min. braten. Herausnehmen und auf Küchenpapier abtropfen lassen. • Scheiben dünn mit Honig bestreichen. Jeweils 1 Klecks Ziegenfrischkäse auf ein Ende geben und aufrollen. Die Röllchen mit Zahnstochern fixieren und in eine Box geben.

KICHERERBSEN-BLUMENKOHL-SALAT

1
BLUMENKOHL

1
ROTE PAPRIKA

1
ZITRONE

2 EL
TAHINI

½ Bund
PETERSILIE

125 g
KICHERERBSEN AUS DEM GLAS

AUS DEM VORRAT: 1 EL OLIVENÖL • ½ TL KREUZKÜMMEL • ¼ TL ZIMT • SALZ, PFEFFER • 50 ML WASSER

2 PORTIONEN

15 MIN. + 30 MIN. RÖSTEN

Backofen auf 200 °C vorheizen. • Gemüse waschen und putzen. Blumenkohl in kleine Röschen teilen, Paprikaschote in 2 cm große Würfel schneiden. • Gemüse mit Olivenöl, Kreuzkümmel, Zimt und Salz mischen. • Auf einem Backblech im Ofen 30–35 Min. rösten. Nach der Hälfte der Zeit wenden. • Zitronensaft mit Wasser, Tahini, Salz und Pfeffer pürieren. • Petersilie hacken. Kichererbsen abschütten. • Gemüse abkühlen lassen, mit Tahinisauce, Kichererbsen und Petersilie mischen.

Köstlicher Salat zum VERLIEBEN!
Noch sättigender mit 100 g zerbröseltem Feta.

POLENTASCHNITTEN MIT RUCOLA

1
ZWIEBEL

1
KNOBLAUCHZEHE

100 g
RUCOLA

50 g
GETROCKNETE TOMATEN

100 g
FETA

125 g
POLENTA

AUS DEM VORRAT: 1 EL OLIVENÖL • ½ TL KREUZKÜMMEL • 2 TL OREGANO • ½ TL SALZ • PFEFFER • 400 ML GEMÜSEBRÜHE (SEITE 108)

12 STÜCKE

60 MIN.

Backofen auf 180 °C vorheizen. • Zwiebel und Knoblauch schälen und würfeln. Einige Rucolablätter beiseitelegen. Den übrigen Rucola grob schneiden. Tomaten würfeln. Feta zerbröseln. • Zwiebeln in Öl glasig dünsten. Knoblauch, Kreuzkümmel, Rucola, Oregano und Tomaten hinzufügen und alles 2 Min. dünsten. Salz, Pfeffer, Polenta und Brühe unterrühren. Die Polenta 15 Min. bei niedriger Hitze quellen lassen. • Feta hinzufügen und die Masse in eine gefettete Springform (20 cm Ø) füllen. Fest andrücken. Die Polenta im Ofen 30 Min. backen, bis sie goldbraun ist. • Polentaschnitten mit Rucolablättern anrichten.

POLENTA eignet sich hervorragend für schnelle, leckere Gerichte. Perfekt mit dem Tomaten-Aprikosen-Chutney (Seite 64)

MÖHRENBÄLLCHEN

100 g CASHEWKERNE — 3 MÖHREN — 1–2 cm INGWER

5 GETROCKNETE APRIKOSEN — 3 Zweige MINZE — SALATBLÄTTER

AUS DEM VORRAT: 1 EL SESAMÖL • 1 EL OLIVENÖL • PFEFFER • 1 TL SALZ • 1 PRISE CHILI

2 PORTIONEN

20 MIN.

Cashewkerne hacken, Möhren und Ingwer schälen und zusammen mit den Aprikosen in kleine Stücke schneiden. Minzblätter hacken. • Alle Zutaten bis auf die Salatblätter mischen und pürieren, bis eine Paste entsteht. • Aus der Masse Bällchen formen, diese jeweils in ein Salatblatt einrollen und in eine Box geben.

SESAM-SÜSSKARTOFFELN MIT AVOCADOPÜREE

700 g SÜSSKARTOFFELN — 2 KNOBLAUCHZEHEN — 3 EL SESAM

4 Stiele KORIANDER — ½ LIMETTE — 1 AVOCADO

AUS DEM VORRAT: 3 EL OLIVENÖL • SALZ, PFEFFER • 1 PRISE KREUZKÜMMEL

2 PORTIONEN

30 MIN.

Backofen auf 180 °C vorheizen. • Süßkartoffeln schälen, in 2 cm große Würfel schneiden. • Die Würfel mit 2 EL Öl, 1 durchgepressten Knoblauchzehe, Sesam, Salz und Pfeffer mischen und im Ofen 25 Min. backen. Nach 15 Min. wenden. • Zweite Knoblauchzehe 1 Min. in kochendem Wasser blanchieren. • Korianderblätter hacken, Limettensaft auspressen. Mit zerdrücktem Avocadofruchtfleisch, durchgepresster Knoblauchzehe, Limettensaft und 1 EL Öl vermengen. Mit Kreuzkümmel, Salz und Pfeffer würzen. • Süßkartoffeln mit dem Avocadopüree anrichten.

GLUTENFREIE CRACKER

40 g
CHIASAMEN

40 g
KICHERERBSENMEHL

20 g
GLUTENFREIE HAFERFLOCKEN

50 g
LEINSAMENSCHROT

30 g
SESAM

20 g
HANFSAMEN

AUS DEM VORRAT: 1 TL SALZ • 15 G GHEE

1 BACKBLECH

25 MIN. + 25 MIN. BACKEN

Backofen auf 170 °C vorheizen. • Chiasamen in 200 ml warmem Wasser 15 Min. einweichen. • Alle trockenen Zutaten in eine Schüssel geben und mischen. Ghee schmelzen und hinzufügen. Chiasamenbrei unterrühren. • Die Teigmasse auf einem mit Backpapier ausgelegten Blech verteilen. Mit Frischhaltefolie abdecken und mit den Handflächen ca. 2 mm dünn glatt streichen. • Frischhaltefolie entfernen, Teig in Stücke schneiden. • Die Cracker im Ofen 25 Min. backen.

MANGO-SMOOTHIE

1
FRISCHE MANGO (ODER 200 G TK-MANGO)

½
AVOCADO

1
BANANE

2 EL
ZITRONENSAFT

2 große
HANDVOLL SPINAT

AUS DEM VORRAT: 1 TL ZIMT • 600 ML WASSER

2 GLÄSER À 400 ML

10 MIN.

Mango schälen, Fruchtfleisch vom Kern lösen, Avocadofruchtfleisch vom Kern befreien. • Alle Zutaten grob zerkleinern, Zitronensaft, Wasser und Zimt dazugeben, alles pürieren und auf zwei Gläser verteilen.

Tipp:
Für eine größere Sättigung können noch 2 EL Haferflocken mitpüriert werden. Nach Belieben mit Honig süßen.

TOMATEN-APRIKOSEN-CHUTNEY

1
ZWIEBEL

2
TOMATEN

50 g
GETROCKNETE APRIKOSEN

10 g
INGWER

150 ml
ORANGENSAFT

2 Stiele
ROSMARIN

AUS DEM VORRAT: 1 PRISE CHILI • 2 EL OLIVENÖL • ½ TL SALZ • ½ TL KURKUMA

1 SCHRAUB-GLAS À 200 G

45 MIN.

Zwiebel, Tomaten und Aprikosen fein würfeln. Ingwer schälen und ebenfalls würfeln. • Zwiebel, Ingwer und Chili in Olivenöl unter Rühren 2 Min. anschwitzen. Tomaten, Aprikosen und Orangensaft hinzufügen und alles 30 Min. köcheln lassen. • Rosmarinnadeln von den Stielen zupfen und klein schneiden. Mit Salz und Kurkuma zu der Mischung in den Topf geben und das Chutney weitere 5 Min. köcheln lassen. • Chutney in ein Glas füllen und verschließen, 15 Min. auf den Deckel stellen, wenden und auskühlen lassen.

MANGO-CHUTNEY MIT ROSINEN

1
MANGO

1
ROTE CHILISCHOTE

1 cm
INGWER

1 EL
AHORNSIRUP

1 TL
APFELESSIG

2 EL
ROSINEN

AUS DEM VORRAT: ¼ TL SALZ

1 SCHRAUB-GLAS À 200 G

35 MIN.

Mango schälen, Fruchtfleisch vom Kern lösen und in kleine Würfel schneiden. Chilischote entkernen und in feine Streifen schneiden. Ingwer schälen und reiben. • Mango und Chilischote mit den restlichen Zutaten mischen, unter Rühren kurz aufkochen, dann ca. 20 Min. köcheln lassen. • Das Chutney in ein Glas füllen und abkühlen lassen.

Tipp:
Zu Dalgerichten (Seite 80) und Lachsgerichten (Seite 101) servieren.

KORIANDER-CHUTNEY

½ Bund
MINZE

1 Bund
FRISCHER KORIANDER

1 cm
INGWER

1
LIMETTE

2 EL
KOKOSRASPEL

1½ TL
AHORNSIRUP

AUS DEM VORRAT: 60–70 ML WASSER • ½ TL KREUZKÜMMEL • ½ TL SALZ

1 SCHRAUB-GLAS À 150 G

20 MIN.

Minz- und Korianderblätter von den Stängeln zupfen. Ingwer schälen und hacken. Limette auspressen. • Alle Zutaten in ein Gefäß geben und pürieren. In Intervallen vorgehen, bis alles gut vermischt ist.

Tipp:
Köstlich zu Rindfleisch-Kichererbsen-Bällchen (Seite 96) und Chapatis (Seite 95).

APFEL-DATTEL-CHUTNEY

1
APFEL (180 G)

2 cm
INGWER

6–7 getrocknete
DATTELN, ENTSTEINT (CA. 50 G)

½
ZITRONE

1 TL
GELBE SENFSAAT

100 ml
ORANGENSAFT

AUS DEM VORRAT: 1 TL GHEE • 2 MSP. CHILI • ¼ TL ZIMT • ½ TL SALZ

1 SCHRAUBGLAS À 200 G

30 MIN.

Apfel vom Kerngehäuse befreien und grob raspeln. Ingwer schälen. Ingwer und Datteln würfeln. Von der Zitrone ca. ½ TL Schale abreiben, die Zitronenhälfte auspressen. • Senfsaat in Ghee anbraten, bis sie anfängt zu springen. Restliche Zutaten samt Zitronenschale und -saft hinzufügen und das Chutney 10–20 Min. bei schwacher Hitze köcheln lassen. • In ein Glas füllen, dieses für 15 Min. auf den Deckel stellen, wenden und auskühlen lassen.

WEISSES BOHNENPÜREE

240 g
WEISSE BOHNEN AUS DEM GLAS

½
SCHALOTTE

1
KNOBLAUCHZEHE

50 g
GRIECHISCHER JOGHURT

1 EL
TAHINI

½ TL
PAPRIKA, EDELSÜSS

AUS DEM VORRAT: 1 EL OLIVENÖL • 2 EL GEMÜSEBRÜHE (SEITE 108) • ½ TL SALZ • PFEFFER • ¼ TL KREUZKÜMMEL

300 G

15 MIN.

Bohnen abbrausen und abtropfen lassen. Schalotte und Knoblauch schälen und würfeln. • Öl in einem Topf erhitzen, Schalotte glasig dünsten. Knoblauch hinzufügen und kurz mitdünsten. Bohnen und Brühe dazugeben, aufkochen und Brühe bei mittlerer Hitze 5 Min. einkochen lassen. • Bohnen vom Herd nehmen, Joghurt und Tahini dazugeben und alles pürieren. • Eventuell noch Wasser hinzufügen. Mit Salz, Pfeffer, Kreuzkümmel und Paprika würzen.

Tipp:
Warm und kalt zu Grill- und Ofengemüse (Seite 57) genießen.

BIRNEN-THYMIAN-CHUTNEY

2
BIRNEN (CA. 450 G)

½
ZITRONE

10 g
INGWER

30 g
ROHRZUCKER

2 EL
APFELESSIG

AUS DEM VORRAT: 1 TL THYMIAN • 1 PRISE KORIANDER • ¼ TL SALZ • 1 PRISE CHILI

1 SCHRAUB-GLAS À 200 G

30 MIN.

Birnen vom Kerngehäuse befreien und in 1 cm große Würfel schneiden. Zitrone auspressen und mit den Birnenstücken mischen. Ingwer schälen und fein hacken. • Zucker in einem Topf karamellisieren lassen, mit Apfelessig ablöschen und köcheln lassen, bis sich der Zucker vollständig aufgelöst hat. • Birnen mit Ingwer, Thymian, Koriander, Salz und Chili in den Topf geben und 20 Min. köcheln lassen. • In ein Glas füllen, fest verschließen. Glas für 15 Min. auf den Deckel stellen, dann wenden und das Chutney auskühlen lassen.

FRUCHTIG-WÜRZIGES (UND BEKÖMMLICH MACHENDES) TOPPING FÜR BRATLINGE, TOFU UND KÄSE

KLASSISCHER HUMMUS

125 g
KICHERERBSEN AUS DEM GLAS

1
KNOBLAUCHZEHE

25 g
TAHINI

2 TL
ZITRONENSAFT

AUS DEM VORRAT: ¼ TL SALZ • ¼ TL KREUZKÜMMEL • 1 EL OLIVENÖL • 50 ML HEISSES WASSER

200 G

10 MIN.

Kichererbsen abspülen und abtropfen lassen. • Knoblauchzehe 1 Min. in kochendem Wasser blanchieren. • Kichererbsen zusammen mit den übrigen Zutaten in einem Mixer oder mit einem Pürierstab pürieren. • Der Hummus hält sich im Kühlschrank ca. 1 Woche.

RÖSTPAPRIKA-HUMMUS

125 g
KICHERERBSEN AUS DEM GLAS

1
ROTE PAPRIKA

3 TL
ZITRONENSAFT

2 TL
TAHINI

1 TL
PAPRIKAPULVER, EDELSÜSS

evtl. ½ TL
KOKOSBLÜTENZUCKER

AUS DEM VORRAT: 1 TL SALZ • 1 MSP. KREUZKÜMMEL

200 G

10 MIN. + 20 MIN. RÖSTEN

Backofen auf 220 °C vorheizen. • Kichererbsen abspülen und abtropfen lassen. • Paprika waschen, entkernen und längs halbieren. Mit der Hautseite nach oben auf ein mit Backpapier belegtes Backblech legen und für 20 Min. in den Backofen geben. • Die heiße Paprika 1–2 Min. mit einem feuchtkalten Tuch bedecken, häuten und mit den restlichen Zutaten pürieren. • Der Hummus hält sich im Kühlschrank ca. 5 Tage.

RAITA

100 g GURKE — *3 Stiele* FRISCHE MINZE — *200 g* GRIECHISCHER JOGHURT

AUS DEM VORRAT: ½ TL KREUZKÜMMEL • 1 EL OLIVENÖL • SALZ, PFEFFER

300 G

15 MIN. + 30 MIN. ZIEHEN

Gurke waschen und grob in ein Sieb reiben. • Abtropfen lassen und ausdrücken. • Minzblätter von den Stängeln zupfen und fein schneiden. • Joghurt mit allen Zutaten verrühren, mit Salz und Pfeffer abschmecken und 30 Min. ziehen lassen.

Tipp:
Schmeckt sehr gut zu Kürbis-Hirse-Bällchen (Seite 54) und Quinoaküchlein (Seite 53).

TAHINI-SAUCE

1 KNOBLAUCHZEHE — *3 EL* TAHINI — *1 EL* SOJASAUCE

2 EL ZITRONENSAFT — *1 EL* AHORNSIRUP

AUS DEM VORRAT: 50 ML WASSER • ¼ TL KREUZKÜMMEL

100 G

15 MIN.

Knoblauchzehe 1 Min. in kochendem Wasser blanchieren, dann schälen und auspressen. • Alle Zutaten gut verrühren. Gegebenenfalls vorsichtig mehr Wasser hinzufügen, bis die gewünschte Konsistenz erreicht ist.

Tipp:
Schmeckt besonders lecker zu Bowls (Seite 86) und Ofengemüse (Seite 57).

EDAMAME-ZITRONEN-HUMMUS

1
KNOBLAUCHZEHE

½
BIO-ZITRONE

½ Bund
KORIANDER

150 g
EDAMAME (TK)

1 EL
TAHINI

1 cm
INGWER, GERIEBEN

AUS DEM VORRAT: 2 EL OLIVENÖL • 4 EL WASSER • ¼ TL SALZ • 1 MSP. KREUZKÜMMEL • PFEFFER

200 G

15 MIN.

Knoblauchzehe ungeschält 1 Min. in kochendem Wasser blanchieren. • Zitrone waschen, ½ TL Schale abreiben und die Zitronenhälfte auspressen. Korianderblätter von den Stielen zupfen. • Edamame 5 Min. blanchieren und mit Olivenöl, Wasser, Tahini, Ingwer, geschältem Knoblauch, Korianderblättern, Salz und Kreuzkümmel pürieren. • Zitronenschale und -saft unterrühren. Mit Pfeffer und Salz abschmecken. • Der Hummus hält sich im Kühlschrank ca. 5 Tage.

ERDNUSSSAUCE

1 KNOBLAUCHZEHE — 1 cm INGWER — 1 BIO-LIMETTE

2 EL ERDNUSSMUS — 1 EL SOJASAUCE — 1 EL AHORNSIRUP

AUS DEM VORRAT: 50 ML WASSER

CA. 100 G

15 MIN.

Knoblauchzehe ungeschält 1 Min. in kochendem Wasser blanchieren. Ingwer schälen und in kleine Stücke schneiden. • Limette heiß abwaschen, abtrocknen, dann 1 TL Schale abreiben. Halbieren und auspressen. • Knoblauchzehe schälen und zusammen mit allen restlichen Zutaten pürieren.

Tipp:
So lecker zu Grillgemüse, Sommerrollen, Nudelgerichten und Hähnchenspießen!

CHIMICHURRI-SAUCE

30 g KÜRBISKERNE — 1 KNOBLAUCHZEHE — ½ Bund KORIANDER

½ Bund PETERSILIE — 2 EL ZITRONENSAFT — 1 TL AHORNSIRUP

AUS DEM VORRAT: 60 ML WASSER • ½ TL OREGANO • ½ TL SALZ • 2 EL OLIVENÖL

150 G

15 MIN.

Kürbiskerne grob hacken. Knoblauchzehe 1 Min. in kochendem Wasser blanchieren und schälen. • Petersilien- und Korianderblätter grob von den Stielen zupfen. • Alle Zutaten in ein hohes Gefäß geben und fein pürieren.

Tipp:
Perfekt für Grillabende und Bowls.

BÄRLAUCHPESTO

150 g
BÄRLAUCHBLÄTTER

50 g
KÜRBISKERNE

½
BIO-ZITRONE

AUS DEM VORRAT: 1 TL SALZ • 200 ML OLIVENÖL • ¼ TL PFEFFER

400 G

15 MIN.

Bärlauch waschen und grob zerkleinern. • Die Zitrone waschen, 1 TL Schale abreiben und Saft auspressen. • Alle Zutaten in ein hohes Gefäß geben und in Intervallen pürieren.

Tipp:
Auch lecker mit Basilikum oder Rucola.

KRÄUTERBUTTER

1
KNOBLAUCHZEHE

1 kleine
SCHALOTTE

½ Bund
GLATTE PETERSILIE

250 g
BUTTER

1 Spritzer
ZITRONENSAFT

AUS DEM VORRAT: 1 TL SALZ • ¼ TL PFEFFER

280 G

20 MIN.

Knoblauchzehe 1 Min. in kochendem Wasser blanchieren, schälen und pressen. • Schalotte schälen und in sehr kleine Würfel schneiden. Petersilienblätter von den Stielen zupfen und fein hacken. • Alle Zutaten gut verkneten und die Kräuterbutter mit Salz, Pfeffer und Zitronensaft abschmecken.

Tipp:
Köstlich zu Kartoffeln, Gegrilltem und Chapatis (Seite 95).

ÜBERBACKENE SÜSSKARTOFFELN MIT FETA

600 g
SÜSSKARTOFFELN

150 g
FETA

1
KNOBLAUCHZEHE

60 g
OLIVEN OHNE STEIN

½ Bund
RUCOLA

1 EL
ZITRONENSAFT

AUS DEM VORRAT: 6 EL OLIVENÖL • SALZ, PFEFFER • 1 TL THYMIAN

2 PORTIONEN

10 MIN. + 30 MIN. BACKEN

Backofen auf 180 °C vorheizen. • Süßkartoffeln schälen, in ½ cm dicke Scheiben schneiden, mit Öl bestreichen, salzen und pfeffern. • Die Scheiben dachziegelartig auf dem Backblech verteilen. 20 Min. im Ofen backen. • Feta zerbröseln, Knoblauch schälen und zerdrücken, Oliven hacken. Alles mit Thymian mischen. • Nach 20 Min. Backzeit Feta-Oliven-Mischung auf die Süßkartoffeln geben. Weitere 10 Min. backen. • ⅓ der Rucolablätter abschneiden, den Rest mit Öl und Zitronensaft pürieren. • Süßkartoffeln mit Rucolaöl beträufeln und mit den Blättern bestreuen.

WARMES, NÄHRENDES ESSEN,

das lange satt macht und viele wertvolle Vitamine enthält (Vitamin A, B, C und E und Betacarotin)

ZUCCHININUDELN MIT AVOCADO-SALBEI-PESTO

2
ZUCCHINI

1
KNOBLAUCHZEHE

1
AVOCADO

1 Handvoll
SALBEIBLÄTTER

2 EL
KÜRBISKERNE

50 g
GETROCKNETE TOMATEN IN ÖL

AUS DEM VORRAT: 3 EL OLIVENÖL • SALZ, PFEFFER

2 PORTIONEN

20 MIN.
+ 30 MIN.
ZIEHEN

Mit einem Spiralschneider Zucchinispaghetti herstellen, 1 TL Salz hinzufügen und vorsichtig einmassieren. 30 Min. ziehen lassen. • Knoblauch 1 Min. in kochendem Wasser blanchieren. • Avocadofruchtfleisch, geschälten Knoblauch, Salbei, Kürbiskerne, 2 EL Olivenöl, ¼ TL Salz und Pfeffer pürieren. • Tomaten würfeln. • Zucchininudeln vorsichtig auspressen und in 1 EL Öl 10 Min. anbraten. • Pesto dazugeben. Mit Tomatenwürfeln bestreuen.

Tipp:
Statt Spiralschneider Sparschäler verwenden.

Für die leichte Küche – gut für die PSYCHE, DIE KONZENTRATION UND GUTE LAUNE!

TOMATIGER LINSENDAL

150 g
ROTE LINSEN

1
ZWIEBEL

1
KNOBLAUCHZEHE

2 cm
INGWER

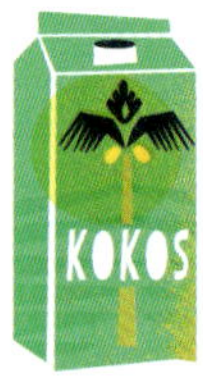

200 ml
KOKOSMILCH

20 g
TOMATENMARK

AUS DEM VORRAT: 20 G KOKOSÖL • 1 TL KORIANDER • ½ TL KREUZKÜMMEL • ½ TL KURKUMA • 250 ML GEMÜSEBRÜHE (SEITE 108) • SALZ, PFEFFER

2 PORTIONEN

35 MIN.

Linsen waschen. Zwiebel, Knoblauch und Ingwer schälen und würfeln. • Zwiebel, Knoblauch und Ingwer 3 Min. in Kokosöl dünsten. Koriander, Kreuzkümmel und Kurkuma unterrühren und 30 Sek. anrösten. • Gemüsebrühe, Kokosmilch und Linsen hinzufügen und alles zugedeckt 25 Min. köcheln lassen. Den Dal mit Salz, Pfeffer und Tomatenmark abschmecken.

Tipp:
Köstlich mit Mango-Chutney (Seite 66) und Reis.

AUBERGINEN-ZUCCHINI-CURRY

1
AUBERGINE (CA. 350 G)

1
ZUCCHINI (CA. 300 G)

3
TOMATEN

½ TL
PAPRIKA, EDELSÜSS

1 EL
FRISCHER KORIANDER

200 ml
KOKOSMILCH

AUS DEM VORRAT: ½ TL KREUZKÜMMEL • ½ TL KORIANDER • ½ TL KURKUMA • 1 TL SALZ • 2 EL OLIVENÖL

2 PORTIONEN

15 MIN. + 30 MIN. BACKEN

Backofen auf 220 °C vorheizen. • Aubergine und Zucchini in Würfel schneiden. Tomaten achteln. • Gewürze und ½ TL Salz verrühren. Die Hälfte davon mit der Aubergine und 1 EL Öl mischen. • Die Auberginenwürfel 15 Min. auf einem Backpapier im Ofen backen. • Zucchini und Tomaten mit dem restlichen Gewürzpulver und 1 EL Öl mischen. Nach 15 Min. Backzeit zur Aubergine geben und alles nochmals 15 Min. backen. • Korianderblätter hacken. Blätter, ½ TL Salz und Kokosmilch erhitzen. Gemüse dazugeben und 5 Min. bei kleiner Hitze ziehen lassen.

BLUMENKOHLPOLENTA MIT CHAMPIGNONS

250 g BLUMENKOHL — *1* SCHALOTTE — *1* KNOBLAUCHZEHE

250 g CHAMPIGNONS — *6 Stiele* PETERSILIE — *80 g* POLENTA

AUS DEM VORRAT: 2 EL OLIVENÖL • 320 ML GEMÜSEBRÜHE (SEITE 108) • SALZ, PFEFFER • 1 TL THYMIAN

2 PORTIONEN

40 MIN.

Blumenkohl in Röschen teilen. 15 Min. kochen. • Schalotte und Knoblauch schälen und würfeln. Champignons in Scheiben schneiden. Petersilienblätter hacken. • Schalotte und Knoblauch 2 Min. in 1 EL Öl dünsten. Polenta und Brühe dazugeben und 5 Min. garen lassen. • Champignons in 1 EL Öl braten, mit Salz, Pfeffer und Thymian würzen. • Gegarten Blumenkohl pürieren und unter die Polenta mischen, salzen und pfeffern. • Petersilie unterheben und mit den Champignons servieren.

Tipp:
Polenta durch Kartoffelpüree ersetzen.

WARMES COUSCOUS-TABOULEH

50 g DATTELN, ENTSTEINT — *100 g* COUSCOUS — *100 g* ROTE ZWIEBELN

½ Bund SALBEIBLÄTTER — *50 g* GETROCKNETE TOMATEN — *1 EL* KAPERN

AUS DEM VORRAT: 300 ML GEMÜSEBRÜHE (SEITE 108) • ½ TL KURKUMA • 2 EL OLIVENÖL • SALZ, PFEFFER

2 PORTIONEN

25 MIN.

Datteln würfeln. • Brühe aufkochen, Couscous, Kurkuma und Datteln hinzufügen und 5 Min. ziehen lassen. • Zwiebeln würfeln. Salbeiblätter in Streifen schneiden. Tomaten würfeln. • Zwiebel und Salbei in 1 EL Öl braten, bis sie gebräunt sind. Tomaten und Kapern dazugeben. • 1 EL Öl unter die Couscous-Mischung rühren. Restliche Zutaten hinzufügen und das Tabouleh mit Salz und Pfeffer abschmecken.

Tipp:
Heiß oder kalt genießen.

SESAM-TOFU-REIS MIT ZUCKERSCHOTEN UND MÖHREN

150 g
ZUCKERSCHOTEN

2
MÖHREN

100 g
BASMATIREIS

100 g
RÄUCHERTOFU

2 EL
SESAM

frische
PETERSILIE

AUS DEM VORRAT: 2 EL GHEE • ¼ TL KORIANDER • ¼ TL KURKUMA • 200 ML GEMÜSEBRÜHE (SEITE 108) • ½ TL SALZ

2 PORTIONEN

35 MIN.

Zuckerschoten putzen, Möhren schälen und in Scheiben schneiden. • Reis waschen und in 1 EL Ghee 2 Min. anrösten. Koriander, Kurkuma, Zuckerschoten, Möhren, Brühe und Salz unterrühren. Zugedeckt 15 Min. köcheln lassen. • Tofu in 1 cm große Würfel schneiden und mit Sesam in Ghee braten, bis er goldbraun ist. • Petersilie hacken. Tofu, Sesam und Petersilie unter die Mischung heben. 5 Min. ruhen lassen.

SCHNELLE BLÄTTERTEIGPIZZA

1 Zweig
ROSMARIN

1 Stiel
SALBEI

1
ZUCCHINI

150 g
BLÄTTERTEIG

2
ZIEGENKÄSE-TALER

50 g
GETROCKNETE TOMATEN IN ÖL

AUS DEM VORRAT: ½ TL OREGANO • ½ TL THYMIAN • SALZ • 2 EL OLIVENÖL

2 PORTIONEN

30 MIN. + 15 MIN. BACKEN

Backofen auf 200 °C vorheizen. • Rosmarinnadeln und Salbeiblätter hacken. Mit Oregano, Thymian, Salz und Öl verrühren. • Zucchini in dünne Scheiben schneiden. • Blätterteig auf Backpapier legen und mit der Gabel mehrmals einstechen. Mit Zucchinischeiben belegen, Käse darauf verteilen und mit Kräuteröl beträufeln. Im Ofen 15 Min. backen. • Tomaten würfeln und vor dem Servieren auf die Pizzastücke geben.

FRUCHTIGE HIRSEPFANNE

1
ZWIEBEL

50 g getrocknete
APRIKOSEN

1
MÖHRE

80 g
HIRSE

1 TL
BAHARAT

½ Bund
PETERSILIE

AUS DEM VORRAT: 1 EL OLIVENÖL • 400 ML GEMÜSEBRÜHE (SEITE 108) • 1 PRISE CHILI • SALZ, PFEFFER

2 PORTIONEN

10 MIN. + 30 MIN. GAREN

Zwiebel und Aprikosen würfeln. Möhre schälen und in Scheiben schneiden. Hirse waschen. • Zwiebel und Möhren im Öl andünsten. Hirse, Brühe, Aprikosen, Chili und Baharat hinzufügen und alles 30 Min. köcheln lassen. Mit Salz und Pfeffer abschmecken. • Petersilienblätter hacken und unterheben.

Tipp:
Schmeckt sehr gut mit einem Klecks Naturjoghurt!

KARTOFFELECKEN MIT KRÄUTERSCHMAND

600 g
KARTOFFELN

1 TL
PAPRIKAPULVER, SÜSS

1 TL
CURRYPULVER, SÜSS

200 g
SCHMAND

½ Bund
SCHNITTLAUCH

½ Bund
PETERSILIE

AUS DEM VORRAT: 1 TL KURKUMA • 3 EL OLIVENÖL • SALZ, PFEFFER

2 PORTIONEN

10 MIN. + 30 MIN. BACKEN

Backofen auf 200 °C vorheizen. • Kartoffeln waschen, vierteln, mit den Gewürzen und 2 EL Olivenöl mischen. Nicht salzen. • Kartoffeln auf einem mit Backpapier ausgelegten Backblech verteilen. 30–45 Min im Ofen backen. Anschließend salzen. • Schmand mit 1 EL Öl, Salz, Pfeffer und kleingehackten Kräutern verrühren. Zusammen mit den Kartoffelecken servieren.

QUINOA MIT GERASPELTEN MÖHREN

1 cm
INGWER

80 g
QUINOA

1 EL
ROSINEN

½ TL
BAHARAT

400 g
MÖHREN

½
LIMETTE

AUS DEM VORRAT: 250 ML GEMÜSEBRÜHE (SEITE 108) • 1 TL THYMIAN • 1 EL GHEE • SALZ, PFEFFER

2 PORTIONEN

25 MIN.

Ingwer schälen und reiben. • Quinoa waschen und mit Brühe, Ingwer, Rosinen und Baharat in einem Topf zugedeckt 15 Min. köcheln lassen. • In der Zwischenzeit Möhren raspeln und mit Thymian 15 Min. in Ghee schmoren. Limettensaft auspressen. Die Möhren mit Salz, Pfeffer und Limettensaft abschmecken und mit Quinoa servieren.

BLUMENKOHL-SPINAT-BOWL

1 ROTE ZWIEBEL

500 g BLUMENKOHL

100 g SPINAT

1 KNOBLAUCHZEHE

2 EIER

2 EL KRESSE

AUS DEM VORRAT: ½ TL KORIANDER • 1 TL OREGANO • 1 EL OLIVENÖL • SALZ, PFEFFER • 1 TL GHEE

2 PORTIONEN

25 MIN.

Zwiebel schälen und würfeln. Blumenkohl fein reiben. Spinat waschen. Knoblauch schälen und hacken. • Knoblauch, Zwiebel, Koriander und Oregano 1 Min. in Öl andünsten. Blumenkohl, Salz und Pfeffer hinzufügen und 5 Min. braten, bis der Blumenkohl bissfest ist. Spinat untermischen. • Eier aufschlagen und in Ghee knusprig braten. • Die Blumenkohlreis-Mischung mit je 1 Spiegelei und Kresse anrichten.

ZITRONIGES SELLERIE-RISOTTO

250 g
KNOLLENSELLERIE

1
ZWIEBEL

100 g
RISOTTOREIS

20
SALBEIBLÄTTER

½
BIO-ZITRONE

1 EL
KAPERN

AUS DEM VORRAT: ¼ TL FENCHELSAMEN • ¼ TL KORIANDER • 4 EL OLIVENÖL • ½ TL SALZ • PFEFFER • 400 ML GEMÜSEBRÜHE (SEITE 108)

2 PORTIONEN

40 MIN.

Sellerie und Zwiebel schälen und würfeln. Fenchelsamen mörsern. • Zwiebel, Sellerie, Fenchel und Koriander in 2 EL Öl 5 Min. dünsten. Salzen, pfeffern. • Reis hinzufügen und 1 Min. anschwitzen. 100 ml Brühe dazugießen. Einkochen lassen. Nach und nach restliche Brühe unterrühren und alles 20 Min. köcheln lassen. • In Streifen geschnittenen Salbei in 2 EL Öl 10 Min. braten. • Zitrone auspressen und 1 TL Schale abreiben. • Risotto abschmecken, Zitronensaft und -schale, Kapern und Salbei unterrühren.

Tipp:
Fenchelsamen können auch mit dem Messerrücken zerdrückt werden.

KÜRBIS-RISOTTO

300 g
HOKKAIDO-KÜRBIS

1
SCHALOTTE

1
KNOBLAUCHZEHE

100 g
RISOTTOREIS

1 EL
CASHEWMUS

1 Bund
RUCOLA

AUS DEM VORRAT: 1 EL OLIVENÖL • 500 ML GEMÜSEBRÜHE (SEITE 108) • 1 EL GHEE • SALZ, PFEFFER

2 PORTIONEN

35 MIN. + 40 MIN. BACKEN

Backofen auf 160 °C vorheizen. • Kürbis grob würfeln und auf einem mit Backpapier ausgelegten Backblech 40 Min. backen. • Weichen Kürbis pürieren. • Schalotte und Knoblauch schälen, würfeln und 3 Min. in Öl dünsten. Reis dazugeben und 3 Min. anschwitzen. • Brühe erhitzen. • Nach und nach heiße Brühe in den Reis einrühren und 20 Min. köcheln lassen. • Cashewmus, Ghee und Kürbispüree unter den Reis rühren. Mit ½ TL Salz und Pfeffer würzen. • Rucola hacken und über dem Risotto verteilen.

Tipp:
Statt Cashewmus 1–2 EL frisch geriebenen Parmesan hinzufügen.

SPIRELLI MIT LINSEN-BOLOGNESE

80 g BELUGALINSEN

1 ZWIEBEL

1 MÖHRE (100 G)

1 Stange LAUCH (CA. 100 G)

1 Dose TOMATENSTÜCKE (400 G)

200 g REIS-SPIRELLI

AUS DEM VORRAT: 2 EL OLIVENÖL • 2 TL OREGANO • 1 TL THYMIAN • 1 TL SALZ • 1 TL KURKUMA • 100 ML WASSER • PFEFFER

2 PORTIONEN

15 MIN. + 40 MIN KOCHEN

Linsen nach Packungsanleitung garen. • Zwiebel würfeln, Möhre raspeln, Lauch in Streifen schneiden. • Zwiebel in Öl glasig dünsten, Möhren, Lauch, Oregano, Thymian, Salz und Kurkuma hinzufügen und 3 Min. dünsten. Tomaten und Wasser dazugeben. 30 Min. köcheln lassen. • Linsen hinzufügen und weitere 10 Min. köcheln lassen. Abschmecken. • Spirelli kochen und dazu servieren.

Tipp:
Statt Reis-Spirelli können auch gut Dinkel-Spirelli verwendet werden.

SPAGHETTI MIT KRÄUTERPESTO

4 EL PINIENKERNE

1 Bund BASILIKUM

1 Bund PETERSILIE

1 Bund SCHNITTLAUCH

200 g SPAGHETTI

nach Belieben PARMESAN

AUS DEM VORRAT: 100 ML OLIVENÖL • ½ TL SALZ • PFEFFER

2 PORTIONEN

15 MIN.

Pinienkerne in einer Pfanne ohne Öl anrösten. • Basilikum- und Petersilienblätter grob abzupfen, Schnittlauch in Stücke schneiden und die Kräuter zusammen mit Pinienkernen und Öl pürieren. Mit Salz und Pfeffer abschmecken. • Spaghetti nach Packungsanleitung kochen und mit dem Pesto servieren. • Parmesan reiben und über die Mischung geben.

Tipp:
Teste gern auch andere saisonale Kräuter!

MANGO-AVOCADO-SALAT

150 g
MOZZARELLA

1
MANGO

1
AVOCADO

1
BIO-LIMETTE

1 cm
INGWER

100 ml
ORANGENSAFT

AUS DEM VORRAT: 3 EL OLIVENÖL • 1 PRISE CHILI • SALZ, PFEFFER

2 PORTIONEN

30 MIN.

Mozzarella, Mango- und Avocadofruchtfleisch in 1 cm große Würfel schneiden. 1 TL Limettenschale abreiben. Saft auspressen. • Avocadowürfel mit Limettensaft mischen, salzen und pfeffern. • Ingwer schälen und reiben. • Orangensaft bis auf die Hälfte einkochen und mit Öl, Chili, Salz, Pfeffer, Ingwer und Limettenschale verrühren. • Avocado in zwei Gläser füllen, Mozzarella- und Mangowürfel daraufschichten. Mit Orangensauce beträufeln.

Tipp:
Mit gehacktem Basilikum und Minze bestreuen.

Ein optisch wunderschönes und leckeres Sommergericht

– PERFEKT FÜR GÄSTE

CROSTINI MIT FENCHEL-TATAR

1
FENCHEL (300 G)

½
BIO-ORANGE

8
GETROCKNETE TOMATEN

1
BAGUETTE

24
PARMESANSPÄNE

AUS DEM VORRAT: ¼ TL FENCHELSAMEN • ½ TL THYMIAN • 3 EL OLIVENÖL • SALZ, PFEFFER

12 SCHEIBEN BAGUETTE

15 MIN. + 30 MIN. ZIEHEN + 15 MIN. BACKEN

Backofen auf 200 °C vorheizen. • Fenchel von den dicken Stielen und dem Strunk befreien und fein würfeln. 1 TL Orangenschale abreiben. 2 EL Saft auspressen. Fenchelsamen mörsern. • Tomaten würfeln. Mit Thymian mischen. • Fenchelstücke mit Orangenabrieb und -saft, gemörsertem Fenchel, 2 EL Olivenöl, Salz und Pfeffer mischen. 30 Min. ziehen lassen. • Baguette in 12 dünne Scheiben schneiden, mit 1 EL Öl bestreichen, Fencheltatar darauf verteilen und die Crostini 15 Min. im Ofen backen. • Nach dem Backen mit Tomatenstücken und Parmesanspänen belegen.

Tipp:
Fenchelgrün hacken und zum Schluss auf den Crostinis verteilen.

TAGLIATELLE MIT KÜRBIS-TOMATEN-SAUCE

150 g
KÜRBISFLEISCH

1 Bund
BASILIKUM

1
ZWIEBEL

1 TL
ROHRZUCKER

400 g
TOMATENSTÜCKE AUS DER DOSE

200 g
TAGLIATELLE

AUS DEM VORRAT: 1 EL OLIVENÖL • 1 TL KURKUMA • SALZ, PFEFFER

2 PORTIONEN

40 MIN.

Kürbisstücke raspeln. Basilikumblätter hacken. • Zwiebel würfeln und im Öl glasig dünsten. Kürbis und Zucker dazugeben und 5 Min. anschwitzen. Tomaten und Kurkuma hinzufügen und alles 10 Min. schmoren lassen. Kurz vor Schluss Basilikum hinzufügen. • Tagliatelle nach Packungsanleitung kochen. • Sauce kräftig mit Salz und Pfeffer würzen und zu den Nudeln servieren.

Tipp:
Sehr aromatisch auch mit Butternut-Kürbis. Dieser muss vorab geschält werden.

CHILI SIN CARNE

1
ZWIEBEL (100 G)

1
KNOBLAUCHZEHE

100 g
GETROCKNETE TOMATEN IN ÖL

400 g
TOMATENSTÜCKE AUS DER DOSE

100 g
MAIS AUS DER DOSE

240 g
KIDNEYBOHNEN AUS DEM GLAS

AUS DEM VORRAT: 1 TL KREUZKÜMMEL • 2 EL OLIVENÖL • 1 TL ZIMT • 1 TL KURKUMA • 1 PRISE CHILI • SALZ, PFEFFER

2 PORTIONEN

15 MIN. + 40 MIN. SCHMOREN

Zwiebel und Knoblauch schälen und würfeln. Getrocknete Tomaten würfeln. • Zwiebel, Knoblauch und Kreuzkümmel 2 Min. in Öl andünsten. Tomatenstücke, getrocknete Tomaten, Zimt, Kurkuma und Chili hinzufügen und 30 Min. köcheln lassen. • Mais und Bohnen dazugeben und weitere 10 Min. köcheln lassen. Das Chili mit Salz und Pfeffer abschmecken.

Tipp:
Lecker mit Reis oder Baguette.

SESAM-CHAPATIS

200 g MEHL

1 TL SESAM

AUS DEM VORRAT: 100 ML WASSER • 1 TL SALZ • 2 EL OLIVENÖL

6 CHAPATIS

30 MIN.

Alle Zutaten außer dem Sesam zu einem geschmeidigen Teig kneten. • 6 kleine Bällchen daraus formen, flach drücken, mit Sesam bestreuen und mit dem Nudelholz zu dünnen Fladen ausrollen. • Die Chapatis in einer heißen Pfanne (ohne Fett) auf beiden Seiten insgesamt ca. 2–3 Min. ausbacken. • Im Backofen warm halten.

Tipp:
Zum Verzehr mit Ghee bestreichen – so schmecken sie am besten!

GRÜNES GEMÜSE MIT CASHEWKERNEN

1 Bund FRÜHLINGSZWIEBELN

150 g BROKKOLI

100 g ZUCKERSCHOTEN

1 KNOBLAUCHZEHE

2 EL SOJASAUCE

40 g CASHEWKERNE

AUS DEM VORRAT: ½ TL CHILI • 2 EL OLIVENÖL • 100 ML GEMÜSEBRÜHE (SEITE 108) • SALZ, PFEFFER

2 PORTIONEN

20 MIN.

Gemüse waschen. Knoblauchzehe hacken. Frühlingszwiebeln in Ringe und Brokkoli in halbe Röschen schneiden. • Knoblauch und Chili in Öl anbraten. Brokkoli und Frühlingszwiebeln hinzufügen und 3 Min. braten. Zuckerschoten dazugeben und 1 Min. braten. • Gemüsebrühe und Sojasauce dazugießen und das Gemüse 1 Min. köcheln lassen. Cashewkerne ohne Fett rösten. • Alles mischen und abschmecken.

Tipp:
Pur, mit Reis, Couscous oder Quinoa genießen.

RINDFLEISCH-KICHERERBSEN-BÄLLCHEN

175 g
KICHERERBSEN AUS DEM GLAS

5 Stiele
MINZE

4 Stiele
PETERSILIE

100 g
ZWIEBEL

2 EL
KICHERERBSENMEHL

250 g
RINDERHACKFLEISCH

AUS DEM VORRAT: 2 EL OLIVENÖL • 3 EL GHEE • PFEFFER, SALZ

2 PORTIONEN

25 MIN. +
20 MIN.
BRATEN

Kichererbsen mit einer Gabel zerdrücken. Minz- und Petersilienblätter hacken. • Zwiebel würfeln und in 1 EL Olivenöl in einer Pfanne 2 Min. glasig dünsten. • Petersilie und Minze mit der Zwiebel mischen und abkühlen lassen. • Kichererbsen, Kichererbsenmehl, 1 EL Olivenöl, Salz, Pfeffer, Zwiebel-Kräuter-Mischung und Rinderhackfleisch verkneten und 10 Min. durchziehen lassen. • Aus der Masse golfballgroße Kugeln formen, diese in der Pfanne in Ghee von beiden Seiten jeweils 5 Min. braten.

Tipp:
Mit Raita (Seite 71) servieren.

Gut vorzubereiten, leckeres PARTY-FINGER FOOD mit Raita (Seite 71)

AYURVEDISCHES SCHMORHÜHNCHEN

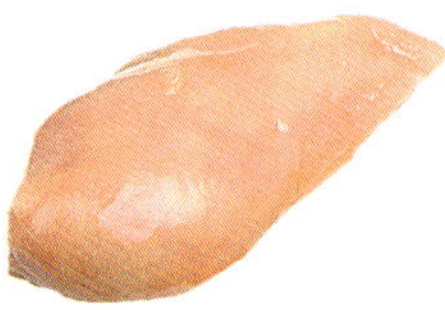

250 g
HÜHNERBRUSTFILETS

1 EL
SOJASAUCE

2 cm
INGWER

250 g
ZUCCHINI

400 g
TOMATENSTÜCKE AUS DER DOSE

200 ml
KOKOSMILCH

AUS DEM VORRAT: 2 EL OLIVENÖL • 2 EL GHEE • 1 TL KREUZKÜMMEL • 1 TL KORIANDER • 1 TL KURKUMA • ½ TL ZIMT • SALZ, PFEFFER

2 PORTIONEN

15 MIN.
+ 1 STD.
MARINIEREN +
30 MIN. GAREN

Hühnerbrustfilets in 2 cm große Stücke schneiden und 1 Std. in Olivenöl und Sojasauce marinieren. • Ingwer schälen und hacken, Zucchini würfeln. • 1 EL Ghee in einer Pfanne erhitzen und Ingwer anbraten. Gewürze und kurz darauf Zucchini, Tomaten und Kokosmilch dazugeben. Die Gemüsemischung 30 Min. köcheln lassen. • Fleisch aus der Marinade nehmen, abtropfen lassen und in heißem Ghee anbraten. • Fleisch zur Sauce geben, kurz durchziehen lassen. Abschmecken.

Tipp:
Dazu Reis, Couscous, Quinoa oder Bulgur servieren.

CHICKEN KORMA

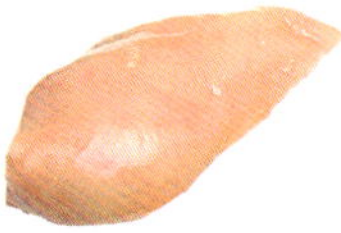

300 g
HÜHNERBRUSTFILETS

1
ZWIEBEL

1 cm
INGWER

1 EL
TOMATENMARK

20 g
GEMAHLENE MANDELN

100 ml
KOKOSMILCH

AUS DEM VORRAT: 1 EL GHEE • ¼ TL KARDAMOM • ½ TL KORIANDER • ½ TL KREUZKÜMMEL • ½ TL KURKUMA • 1 PRISE CHILI • SALZ, PFEFFER • 125 ML GEMÜSEBRÜHE (SEITE 108)

2 PORTIONEN

20 MIN. + 20 MIN. GAREN

Hühnerbrustfilets in Stücke schneiden. Zwiebel würfeln. Ingwer schälen und hacken. • Ghee in einer Pfanne erhitzen und Zwiebel darin glasig dünsten. Hühnerfleisch mit Ingwer hinzufügen und 4 Min. anbraten. Alle Gewürze dazugeben und vorsichtig anschwitzen. • Tomatenmark, Mandeln, Kokosmilch und Gemüsebrühe einrühren, aufkochen und 20 Min. köcheln lassen, bis die Flüssigkeit etwas eingedickt ist. Abschmecken.

Tipp:
Dazu Reis, Quinoa, Couscous, Hirse oder Bulgur servieren.

ROTBARSCH MIT WARMEM APFEL-RELISH

1
BIO-ORANGE

2
ROTBARSCHFILETS À 150 G

1
APFEL

1 TL
APFELESSIG

1
ZWIEBEL

1 cm
INGWER

AUS DEM VORRAT: 1 TL FENCHELSAMEN • 1 EL OLIVENÖL • ½ TL ZIMT • ½ TL PFEFFER • 1 EL GHEE • SALZ

2 PORTIONEN

40 MIN.

1 TL Orangenschale abreiben. Orangensaft auspressen. • Fenchel mörsern oder mit dem Messerrücken zerdrücken und mit 1 EL Öl, 1 EL Orangensaft, ½ TL Orangenabrieb, Zimt und Pfeffer mischen. • Rotbarschfilets mit dem Würzöl bestreichen. 10 Min. ziehen lassen. • Apfel würfeln. Mit dem restlichen Orangensaft, -abrieb und Apfelessig in einen Topf geben. • Zwiebel würfeln, Ingwer reiben und zu den Apfelwürfeln geben. Alles 15 Min. köcheln lassen. Salzen und pfeffern. • Rotbarschfilets abtropfen lassen. In Ghee auf jeder Seite ca. 3–4 Min braten und mit dem Apfel-Relish anrichten.

GEMÜSEFORELLE

250 g MÖHREN — *1 Stange* LAUCH (CA. 150 G) — *½ Bund* PETERSILIE

1 TL AHORNSIRUP — *2* FORELLEN À 300 G — *2 EL* ZITRONENSAFT

AUS DEM VORRAT: 2 EL GHEE • 1 TL KORIANDER • ½ TL KURKUMA • 100 ML GEMÜSEBRÜHE (SEITE 108) • SALZ, PFEFFER

2 PORTIONEN

25 MIN. + 25 MIN. BACKEN

Backofen auf 200 °C vorheizen. • Möhren in Streifen schneiden. Lauch in Ringe schneiden. Petersilienblätter hacken. • Ghee erhitzen. Koriander, Kurkuma, Möhren, Lauch und Ahornsirup 5 Min. dünsten. • Das Gemüse bis auf einen kleinen Teil in eine Auflaufform geben. Gemüsebrühe dazugießen. • Forellen von innen und außen mit Zitronensaft beträufeln, salzen, pfeffern, mit der Petersilie und dem Rest des Gemüses füllen. • Forellen auf das Gemüse setzen und 25 Min. im Ofen backen.

Tipp:
Fisch mit heißem Ghee übergießen und mit Salzkartoffeln servieren.

LACHS MIT AVOCADO

1 AVOCADO — *1 EL* ZITRONENSAFT — *1* KNOBLAUCHZEHE

1 TOMATE — *2* KARTOFFELN — *2* LACHSFILETS À 150 G

AUS DEM VORRAT: 50 ML OLIVENÖL • SALZ, PFEFFER

2 PORTIONEN

30 MIN.

Avocadofruchtfleisch zerdrücken. Mit 1 EL Olivenöl, Zitronensaft, Salz und Pfeffer würzen. • Knoblauchzehe in kochendem Wasser 1 Min. blanchieren, schälen, zerdrücken und unterrühren. • Tomate in Würfel schneiden und ebenfalls unterrühren. • Kartoffeln schälen und in dünne Scheiben schneiden. Scheiben in heißem Öl kross braten. Abtropfen lassen und salzen. • Lachsfilets salzen und in heißem Olivenöl anbraten. Temperatur reduzieren und weitere 3 Min. braten. • Den Lachs mit Avocadocreme und Kartoffelscheiben servieren.

KURKUMA-LACHS MIT REIS

200 g
ANANAS (FRISCH ODER AUS DER DOSE)

2 cm
INGWER

100 g
REIS

2
LACHSFILETS À 150 G

2
KNOBLAUCHZEHEN

½ Bund
FRÜHLINGSZWIEBELN

AUS DEM VORRAT: 1 PRISE CHILI • 1 TL KURKUMA • 2 EL OLIVENÖL • SALZ, PFEFFER • 1 EL GERÖSTETES SESAMÖL

2 PORTIONEN

30 MIN.
+ 12 MIN.
BACKEN

Ananas gegebenenfalls schälen und würfeln, Ingwer reiben und beides mit Salz und Chili in einem Topf 5–10 Min. köcheln lassen. • Reis nach Packungsanleitung kochen. • Backofen auf 180 °C vorheizen. • Lachs in eine Auflaufform legen. • Kurkuma, Olivenöl, eine Prise Salz und Pfeffer mischen und das Würzöl beidseitig auf dem Lachs verteilen. 12–15 Min. im Ofen backen. • In der Zwischenzeit Knoblauch schälen und hacken, Frühlingszwiebeln in Ringe schneiden. Beides in Sesamöl goldbraun braten, unter den Reis geben und mit Lachs und Ananas servieren.

... punktet mit wertvollen Inhaltsstoffen und hochwertigem

EIWEIß

- bei guter Verdauungskraft.

ORANGEN-KABELJAU MIT FENCHEL

2 FENCHEL

1 BIO-ORANGE

1 EL AHORNSIRUP

80 g BASMATIREIS

2 KABELJAUFILETS À 150 G

2 EL ZITRONENSAFT

AUS DEM VORRAT: 1/2 TL SALZ • 1 MSP. ZIMT • 1 MSP. KORIANDER • PFEFFER • 1 EL OLIVENÖL

2 PORTIONEN

20 MIN. + 20 MIN. GAREN

Backofen auf 200 °C vorheizen. • Fenchel halbieren, vom Strunk befreien und in dünne Scheiben schneiden. • 1 TL Orangenschale abreiben, den Orangensaft auspressen. • Fenchel mit ½ TL Salz, Zimt, Koriander, 1 Prise Pfeffer, 1 EL Olivenöl, Orangensaft und Ahornsirup mischen und in eine Auflaufform geben. • Reis nach Packungsanleitung kochen. • Kabeljau auf den Fenchel setzen, mit Zitronensaft beträufeln. Orangenabrieb, Salz und Pfeffer darauf verteilen. 20 Min. im Ofen garen. • Mit dem Reis auf zwei Teller verteilen.

BROKKOLI-MANDEL-SUPPE

300 g
BROKKOLI

100 g
KARTOFFELN

50 g
LAUCH

2 EL
MANDELBLÄTTCHEN

2 EL
MANDELMUS

2 EL
KRESSE

AUS DEM VORRAT: 1 EL OLIVENÖL • ½ TL KORIANDER • 600 ML GEMÜSEBRÜHE (SEITE 108) • SALZ, PFEFFER

2 PORTIONEN

25 MIN. +
20 MIN.
GAREN

Brokkoli würfeln. Kartoffeln schälen und würfeln. Lauch in Ringe schneiden. • Olivenöl in einem Topf erhitzen. Koriander dazugeben und leicht anrösten. Brokkoli, Kartoffeln und Lauch hinzufügen und 5 Min. andünsten. • Brühe dazugießen und die Suppe 20 Min. köcheln lassen. • Mandelblättchen in einer Pfanne ohne Fett rösten. • Suppe pürieren, mit Mandelmus verfeinern, abschmecken und mit Mandelblättchen und Kresse dekorieren.

GEMÜSEBRÜHENPASTE

200 g MÖHREN
150 g KNOLLENSELLERIE
50 g LAUCH

100 g ZWIEBEL
2 cm INGWER
1 kleines Bund PETERSILIE

AUS DEM VORRAT: 1 TL KURKUMA • 80 G SALZ

2 PORTIONEN

20 MIN.

Gemüse und Ingwer schälen und in kleine Würfel schneiden. Petersilie waschen, trocken tupfen und grob hacken. • Gemüse zusammen mit Petersilie, Kurkuma und Salz zu einer feinen Paste pürieren. • Gemüsebrühenpaste in ein sauberes Glas füllen. • Im Kühlschrank ist die Paste mindestens 3–4 Monate haltbar. Mit sauberem Löffel entnehmen.

Tipp:
Für eine Gemüsebrühe 1–1½ TL pro 250 ml Wasser nehmen.

GLASNUDELSUPPE

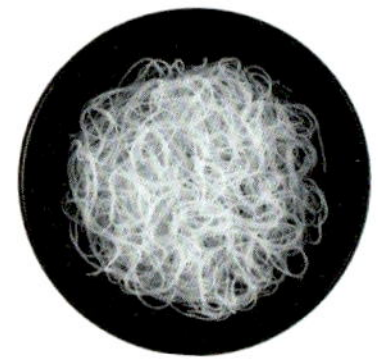

1 cm INGWER
60 g GLASNUDELN
6 CHAMPIGNONS

100 g BABYSPINAT-BLÄTTER
2 EL SESAMSAMEN
1 EL TAMARI

AUS DEM VORRAT: 600 ML GEMÜSEBRÜHE (SEITE 108) • SALZ, PFEFFER

2 PORTIONEN

25 MIN.

Ingwer schälen, in die Gemüsebrühe reiben und aufkochen. • Glasnudeln zur Suppe hinzufügen und 10 Min. köcheln lassen. • Champignons in Scheiben schneiden und nach 5 Min. zusammen mit dem gewaschenen Spinat zur Suppe geben. • Sesamsamen in einer Pfanne ohne Fett anrösten. • Suppe mit Tamari, Salz und Pfeffer würzen und mit Sesamsamen bestreut servieren.

Tipp:
Reichhaltiger wird die Suppe mit gebratenen Räuchertofustücken.

MÖHREN-INGWER-SUPPE

1
ZWIEBEL

2 cm
INGWER

300 g
MÖHREN

2
GETROCKNETE APRIKOSEN

50 ml
SAHNE

AUS DEM VORRAT: 1 EL GHEE • ¼ TL KORIANDER • ½ TL THYMIAN • 450 ML GEMÜSEBRÜHE (SEITE 108) • SALZ, PFEFFER

2 PORTIONEN

20 MIN. + 20 MIN. GAREN

Zwiebel und Ingwer schälen und würfeln. Möhren schälen und stückeln. Aprikosen in Streifen schneiden. • Zwiebelwürfel in Ghee glasig dünsten. Ingwer, Möhren, Koriander und Thymian hinzufügen und 5 Min. anschwitzen. Dabei darauf achten, dass die Gewürze nicht anbrennen. • Aprikosenstreifen unterrühren und Gemüsebrühe dazugießen. 20 Min. zugedeckt köcheln lassen. • Die Suppe pürieren und mit Salz und Pfeffer abschmecken.

Tipp:
Mit gepopptem Amaranth oder gerösteten Chiasamen bestreuen.

SPINATSUPPE MIT BÄRLAUCHÖL

1
ZWIEBEL

150 g
KARTOFFELN

100 g
FRISCHER SPINAT

100 g
BÄRLAUCH

100 ml
SAHNE

1 Prise
MUSKAT

AUS DEM VORRAT: 7 EL OLIVENÖL • 1 TL KREUZKÜMMEL • 500 ML GEMÜSEBRÜHE (SEITE 108) • 1 TL SALZ • 1 PRISE PFEFFER

2 PORTIONEN

10 MIN. + 20 MIN. GAREN

Zwiebel würfeln. Kartoffeln schälen und würfeln. • Zwiebel in 1 EL Olivenöl glasig dünsten. Kreuzkümmel hinzufügen und kurz anrösten. • Kartoffelstücke dazugeben, Gemüsebrühe dazugießen und die Suppe 15 Min. köcheln lassen. • Spinat, 25 g Bärlauch und Sahne unterrühren und weitere 5 Min. köcheln lassen. • Restlichen Bärlauch grob zerkleinern. Mit 6 EL Olivenöl pürieren. Salzen und pfeffern. • Die Suppe pürieren, mit Salz, Pfeffer und Muskat abschmecken und mit Bärlauchöl beträufeln.

GERÖSTETE TOMATENSUPPE

500 g
TOMATEN

1
KNOBLAUCHZEHE

1
ROTE ZWIEBEL

2 EL
TOMATENMARK

1 Bund
BASILIKUM

1 TL
AHORNSIRUP

AUS DEM VORRAT: 2 EL OLIVENÖL • 1 TL KURKUMA • 500 ML GEMÜSEBRÜHE (SEITE 108) • SALZ, PFEFFER

2 PORTIONEN

10 MIN. + 30 MIN. RÖSTEN + 10 MIN. KOCHEN

Backofen auf 170 °C vorheizen. • Tomaten vierteln. Knoblauch schälen und hacken. • Tomaten mit Knoblauch und 1 EL Olivenöl mischen und 30 Min. im Backofen rösten, bis die Haut der Tomaten schrumpelig ist. • Zwiebel würfeln und im Topf in 1 EL Olivenöl glasig dünsten. Geröstete Tomaten, Kurkuma, Tomatenmark und Gemüsebrühe hinzufügen und die Suppe 10 Min. köcheln lassen. • Basilikumblätter hacken, nach 10 Min. in die Suppe geben und alles gut pürieren. Mit Salz, Pfeffer und Ahornsirup abschmecken.

Tipp:
Für die Deko einige Basilikumblätter zurücklegen.

MUNG-DAL-SUPPE

70 g
MUNG DAL

30 g
BASMATIREIS

150 g
MÖHREN

1 Stange
LAUCH (CA. 150 G)

1 cm
INGWER

½ – 1 TL
ZITRONENSAFT

AUS DEM VORRAT: 1 TL KREUZKÜMMEL • 1 TL FENCHELSAMEN • 1 EL GHEE • 500 ML GEMÜSEBRÜHE (SEITE 108) • SALZ, PFEFFER

2 PORTIONEN

10 MIN. +
15 MIN. GAREN

Mung Dal und Basmatireis waschen. Möhren grob raspeln. Lauch in Ringe schneiden. Ingwer schälen und hacken. • Möhren, Lauch, Ingwer, Kreuzkümmel und Fenchelsamen in Ghee andünsten. • Mung Dal und Basmatireis abseihen und zu dem Gemüse geben. Gemüsebrühe dazugießen und Reis und Mung Dal in 15–20 Min. bissfest garen. • Die Mung-Dal-Suppe mit Salz, Pfeffer und Zitronensaft abschmecken.

Tipp:
Mit frischem Koriander oder Petersilie bestreuen.

MINESTRONE

1
ZWIEBEL

2
KNOBLAUCHZEHEN

50 g
LAUCH

50 g
SPITZKOHL

50 g
MÖHREN

100 g
WEISSE BOHNEN AUS DEM GLAS

AUS DEM VORRAT: 2 EL OLIVENÖL • ¼ TL THYMIAN • ¼ TL OREGANO • 600 ML GEMÜSEBRÜHE (SEITE 108) • SALZ, PFEFFER

2 PORTIONEN

15 MIN. + 15 MIN. GAREN

Zwiebel, Knoblauch und Gemüse klein schneiden. • Zwiebel und Knoblauch im Olivenöl glasig dünsten. Lauch, Spitzkohl, Möhren, weiße Bohnen und Gewürzkräuter hinzufügen, leicht salzen und unter Rühren 5 Min. andünsten. • Gemüsebrühe dazugießen und die Suppe 15 Min. köcheln lassen. Mit Salz und Pfeffer abschmecken.

Tipp:
Mit frischer Petersilie bestreuen.

SÜSSKARTOFFELSUPPE

1 Stange
LAUCH (CA. 150 G)

1
SCHALOTTE

1 EL
GERÖSTETES SESAMÖL

1 (ca. 200 g)
SÜSSKARTOFFEL

1 cm
INGWER

100 ml
KOKOSMILCH

AUS DEM VORRAT: 1 EL KOKOSÖL • 450 ML GEMÜSEBRÜHE (SEITE 108) • SALZ, PFEFFER

2 PORTIONEN

20 MIN. + 20 MIN. KOCHEN

Lauch putzen und in Streifen schneiden. Schalotte würfeln. • Schalotte in Sesam- und Kokosöl glasig dünsten. • Süßkartoffel und Ingwer schälen, würfeln und hinzufügen. 10 Min. anschwitzen, bis das Gemüse etwas Farbe annimmt. • Gemüsebrühe dazugießen. 20 Min. köcheln lassen. • Kokosmilch dazugeben. Die Suppe aufkochen, anschließend pürieren. Mit Salz und Pfeffer abschmecken.

Tipp:
Mit gerösteten Sesamsamen bestreuen.

KÜRBISSUPPE

250 g HOKKAIDO-KÜRBIS — 1 ZWIEBEL — 15 g ZUCKER

40 ml WEISSWEIN — 1 NELKE — 75 ml SAHNE

AUS DEM VORRAT: 1 EL GHEE • 400 ML GEMÜSEBRÜHE (SEITE 108) • SALZ, PFEFFER

2 PORTIONEN

15 MIN. + 20 MIN. GAREN

Kürbis und Zwiebel würfeln. • Zucker in Ghee karamellisieren lassen. Kürbis und Zwiebel hinzufügen und anschwitzen. Mit Wein ablöschen und aufkochen. • Gemüsebrühe und zerdrückte Nelke dazugeben und 20 Min. köcheln lassen, bis der Kürbis weich ist. • Sahne hinzufügen und die Suppe pürieren. Mit Salz und Pfeffer abschmecken.

Tipp:

Mit gerösteten Kürbiskernen und Kürbiskernöl dekorieren.

FEINE SPARGELCREMESUPPE

500 g SPARGEL — 1 TL ROHRZUCKER — 1 SCHALOTTE

100 ml SAHNE — 2 EL KRESSE

AUS DEM VORRAT: 50 ML WASSER • 2 TL GHEE • 1 TL SALZ • 300 ML GEMÜSEBRÜHE (SEITE 108)

2 PORTIONEN

15 MIN. + 30 MIN. GAREN

Backofen auf 190 °C vorheizen. • Spargel schälen, mit Wasser, 1 TL Ghee, Salz und Zucker in einen Bratschlauch geben. Verschließen und an drei Stellen ca. 1 cm tief einschneiden. • Spargel im Backofen 30–40 Min. schmoren lassen, bis er leicht karamellisiert. • Schalotte in Würfel schneiden und in 1 TL Ghee glasig dünsten. • Gemüsebrühe und Sahne hinzufügen und aufkochen. • Karamellisierten Spargel samt Flüssigkeit in den Topf geben, pürieren und mit Kresse dekoriert servieren.

Tipp:

Für eine vegane Variante Olivenöl und Pflanzensahne verwenden.

ROTE-BETE-SUPPE

1
MÖHRE (100 G)

1
ROTE BETE (350 G)

2
FRÜHLINGSZWIEBELN

1
KNOBLAUCHZEHE

½ TL
DUNKLER BALSAMICOESSIG

2 EL
ZIEGENFRISCHKÄSE

AUS DEM VORRAT: 1 EL GHEE • 500 ML GEMÜSEBRÜHE (SEITE 108) • SALZ, PFEFFER

2 PORTIONEN

20 MIN. +
15 MIN. GAREN

Möhre und Rote Bete schälen und würfeln. Frühlingszwiebeln in Ringe scheiden. Knoblauch hacken. • Knoblauch und Frühlingszwiebeln in Ghee anrösten. Rote Bete und Möhren hinzufügen und 10 Min. unter Rühren mitbraten. • Gemüsebrühe dazugießen, aufkochen und 15 Min. köcheln lassen. • Suppe pürieren, mit Salz, Pfeffer und Balsamico abschmecken und mit Frischkäse dekorieren.

Tipp:
Als Topping zusätzlich Chiasamen anrösten.

STRAHLENDES ROT

und feiner Geschmack – unterstrichen durch ein Frischkäse-Chia-Topping

PIKANTE LINSENSUPPE

1
ZWIEBEL

1 (ca. 150 g)
SÜSSKARTOFFEL

1 TL
PAPRIKA, EDELSÜSS

2 EL
TOMATENMARK

100 g
ROTE LINSEN

½ Bund
MINZE

AUS DEM VORRAT: 1 EL GHEE • ½ TL KREUZKÜMMEL • ½ TL CHILI • 500 ML GEMÜSEBRÜHE (SEITE 108) • SALZ, PFEFFER

2 PORTIONEN

20 MIN. + 20 MIN. GAREN

Zwiebel würfeln. Süßkartoffel schälen und in 1 cm große Würfel schneiden. • Zwiebel in Ghee glasig dünsten. Kreuzkümmel, Chili, Paprikapulver und Tomatenmark dazugeben und anrösten. • Süßkartoffelwürfel und Linsen hinzufügen und anschwitzen. • Gemüsebrühe dazugießen und die Suppe 20 Min. köcheln lassen. • Minzblätter hacken. • Die Suppe abschmecken und mit reichlich Minzblättern servieren.

FRÜHLINGSSUPPE

150 g
BROKKOLI

1
KOHLRABI (100 G)

1
MÖHRE (100 G)

1 Stange
LAUCH (CA. 150 G)

75 g
QUINOA

½
BEET KRESSE

AUS DEM VORRAT: ½ TL KURKUMA • 1 EL OLIVENÖL • 600 ML GEMÜSEBRÜHE (SEITE 108) • SALZ, PFEFFER

2 PORTIONEN

15 MIN. + 15 MIN. GAREN

Brokkoli waschen und in kleine Röschen teilen. Kohlrabi und Möhre schälen, in Stifte bzw. Scheiben schneiden. Lauch putzen und in Ringe schneiden. • Brokkoli, Kohlrabi, Möhre, Lauch, Kurkuma und Quinoa in Öl andünsten. Brühe dazugießen und die Suppe zugedeckt 15 Min. köcheln lassen. • Die Suppe mit Salz und Pfeffer abschmecken und mit Kresse bestreuen.

TOPINAMBURSUPPE MIT KOKOSMILCH

1
ZWIEBEL

1 cm
INGWER

1
KNOBLAUCHZEHE

250 g
TOPINAMBUR

½ Bund
BASILIKUM

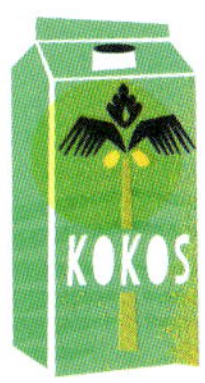

100 ml
KOKOSMILCH

AUS DEM VORRAT: 1 EL KOKOSÖL • 1 TL KORIANDER • ¼ TL FENCHELSAMEN • 1 MSP. KURKUMA • 500 ML GEMÜSEBRÜHE (SEITE 108) • SALZ, PFEFFER

2 PORTIONEN

15 MIN. + 40 MIN. GAREN

Zwiebel, Ingwer, Knoblauch und Topinambur schälen und würfeln. • Zwiebel in Kokosöl glasig dünsten. Gewürze mit Ingwer und Knoblauch hinzufügen und anrösten. Topinambur und Kurkuma dazugeben und anschwitzen. • Gemüsebrühe dazugießen und 40 Min. köcheln lassen. • Basilikum hacken. • Nach 35 Min. Kochzeit Kokosmilch hinzufügen. Suppe pürieren. Mit Basilikum bestreuen.

FRISCHE ERBSENSUPPE

½ Bund
FRÜHLINGSZWIEBELN

1
KARTOFFEL

300 g
TK-ERBSEN

100 ml
KOKOSMILCH

5 Stiele
FRISCHE MINZE

1 TL
ZITRONENSAFT

AUS DEM VORRAT: 4 EL OLIVENÖL • 350 G GEMÜSEBRÜHE (SEITE 108) • SALZ, PFEFFER

2 PORTIONEN

35 MIN.

Frühlingszwiebeln in Ringe schneiden. Kartoffel schälen und würfeln. • Zwiebeln in 1 EL Öl glasig dünsten. Kartoffel und Erbsen hinzufügen, 10 Min. anschwitzen. • Gemüsebrühe und Kokosmilch zugießen und 15 Min. köcheln lassen. • Minzblätter grob hacken und mit Zitronensaft und 3 EL Olivenöl pürieren. • Suppe pürieren, abschmecken und mit Minzöl beträufeln.

ZUCCHINISUPPE

2
FRÜHLINGSZWIEBELN

1
ZUCCHINI (CA. 300 G)

½ Bund
BASILIKUM

1 EL
SESAMSAMEN

½
BIO-ZITRONE

AUS DEM VORRAT: ¼ TL KORIANDER • ¼ TL KURKUMA • 1 PRISE CHILI • 1 EL GHEE • 500 ML GEMÜSEBRÜHE (SEITE 108) • SALZ, PFEFFER

2 PORTIONEN

30 MIN.

Frühlingszwiebeln in Ringe schneiden. Zucchini würfeln. • Frühlingszwiebeln, Zucchini, Koriander, Kurkuma und Chili ca. 3 Min in Ghee anbraten. Gemüsebrühe dazugießen und die Suppe zugedeckt 15 Min. köcheln lassen. • Basilikum hacken. • Sesam in einer Pfanne ohne Fett rösten. • ½ TL Zitronenschale abreiben, die Zitronenhälfte auspressen. • Suppe pürieren. Zitronensaft und -schale hinzufügen. Mit Salz und Pfeffer abschmecken. • Mit Basilikum und Sesam dekorieren.

PETERSILIENWURZELSUPPE MIT PETERSILIENÖL

1
SCHALOTTE

1
KNOBLAUCHZEHE

2 cm
INGWER

200 g
WURZELPETERSILIE

5 Stiele
PETERSILIE

100 ml
KOKOSMILCH

AUS DEM VORRAT: 1 EL GHEE • ¼ TL CHILI • 500 ML GEMÜSEBRÜHE (SEITE 108) • 3 EL OLIVENÖL • SALZ, PFEFFER • ¼ TL ZIMT

2 PORTIONEN

35 MIN.

Schalotte, Knoblauch, Ingwer und Wurzelpetersilie schälen und würfeln. • Zwiebel, Knoblauch und Ingwer in Ghee andünsten. Wurzelpetersilie und Chili hinzufügen und anschwitzen. • Gemüsebrühe dazugießen, aufkochen und die Suppe zugedeckt 15 Min. köcheln lassen. • In der Zwischenzeit Petersilienblätter hacken und mit Olivenöl, Salz, Pfeffer und Chili pürieren. • Suppe mit Zimt würzen, Kokosmilch hinzufügen und alles pürieren. Mit Salz und Pfeffer abschmecken. • Petersilienöl über die Suppe träufeln.

MANGO-MOUSSE

1
MANGO

100 ml
SAHNE

1 Päckchen
VANILLEZUCKER

100 g
MAGERQUARK

1 EL
PISTAZIEN

AUS DEM VORRAT: 1 PRISE KARDAMOM

2 PORTIONEN

25 MIN.

Mango schälen, Fruchtfleisch vom Kern lösen. Die Hälfte des Fruchtfleischs pürieren, die andere Hälfte in kleine Würfel schneiden. • Sahne mit dem Vanillezucker aufschlagen. Quark und Mangopüree unterrühren und mit einer Prise Kardamom abschmecken. • Die Creme in zwei Schalen geben und die Mangowürfel darauf verteilen. • Pistazienkerne klein hacken und die Mousse damit dekorieren.

KARDAMOMGRIESSBREI

70 g
DINKEL-VOLLKORN-GRIESS

400 ml
REIS-KOKOS-MILCH

3 TL
ROHROHRZUCKER

2 EL
MANDELBLÄTTCHEN

etwas
AHORNSIRUP

AUS DEM VORRAT: 2 TL GHEE • 2 MSP. KARDAMOM

2 PORTIONEN

15 MIN.

Ghee erhitzen. Grieß dazugeben und unter Rühren 3 Min. bei mittlerer Hitze anrösten. • Milch hinzufügen und verrühren. Zucker und Kardamom unterrühren und das Ganze 3 Min. köcheln lassen. Danach vom Herd nehmen und abkühlen lassen. • Mandelblättchen in einer Pfanne ohne Fett anrösten. • Grießbrei in zwei Schüsseln geben und mit Mandelblättchen und Ahornsirup dekorieren.

DATTELCREME

8
DATTELN, ENTSTEINT

50 g
GEHACKTE MANDELN

100 ml
SAHNE

AUS DEM VORRAT: ¼ TL ZIMT • 100 ML WASSER • 1 PRISE KARDAMOM • 1 PRISE VANILLE

2 PORTIONEN

10 MIN.

Datteln 5 Minuten im Wasser köcheln lassen. • Gehackte Mandeln in einer Pfanne ohne Fett anrösten. • Datteln, Mandeln und restliche Zutaten pürieren, sodass eine feine Creme entsteht. Evtl. noch etwas Wasser dazugeben. • Die Creme auf zwei Schälchen verteilen.

Tipp:
Für eine vegane Variante statt Sahne 100 g Kokosjoghurt verwenden.

ZIMTPFANNKUCHEN MIT APFELMUS

125 g
DINKELMEHL

1 EL
BRAUNER ZUCKER

2 TL
VANILLEZUCKER

1 TL
BACKPULVER

200 ml
MANDELMILCH

150 g
APFELMUS

AUS DEM VORRAT: 1 TL ZIMT • 1 PRISE SALZ • GHEE

4 STÜCK

5 MIN. + 10 MIN. QUELLEN + 25 MIN. BACKEN

Mehl in eine Schüssel geben. Mit Zucker, Vanillezucker, Backpulver, Zimt und Salz mischen. Mandelmilch dazugeben. Alles zu einem glatten Teig verrühren. 10 Min. quellen lassen. • Ghee in einer Pfanne erhitzen. Mit je einer Kelle Teig nacheinander 4 Pfannkuchen in der Pfanne bei mittlerer Hitze von jeder Seite ca. 3 Min. braten. • Mit Apfelmus servieren.

APFEL-CRUMBLE

200 g
ÄPFEL

30 g
KANDIERTER INGWER

75 g
HAFERFLOCKEN

25 g
DINKELMEHL

50 g
AHORNSIRUP

50 g
KOKOSRASPEL

AUS DEM VORRAT: 45 G KOKOSÖL • ½ TL VANILLEPULVER • 1 TL ZIMT • ¼ TL KARDAMOM • 1 PRISE SALZ

2 PORTIONEN

20 MIN. + 45 MIN. BACKEN

Backofen auf 180 °C vorheizen. • Äpfel schälen und vom Kerngehäuse befreien. Äpfel und Ingwer würfeln, mischen und in eine kleine Auflaufform füllen. • Haferflocken, Mehl, Ahornsirup, Kokosöl, Kokosraspel, Vanille, Zimt, Kardamom und Salz zu Streuseln verkneten. • Streusel auf die Apfel-Ingwer-Mischung geben und im Backofen 45 Min. backen. • Den Crumble aus dem Ofen nehmen, ruhen lassen und servieren.

Tipp:
Besonders lecker mit Schlagsahne oder pflanzlicher Alternative.

ANANAS-CARPACCIO

60 g
ROHRZUCKER

1½ TL
SESAM

250 g
ANANAS

1 Bund
MINZE

200 g
KOKOSJOGHURT (SEITE 32)

1 TL
ORANGENABRIEB

AUS DEM VORRAT: 7 EL WASSER • 2 MSP. KARDAMOM

2 PORTIONEN

30 MIN.

50 g Zucker mit 3 EL Wasser erhitzen und einkochen, bis goldgelbe Blasen entstehen. Sesam unterrühren. • Die Masse auf einem Backpapier verstreichen und abkühlen lassen. • 4 EL Wasser mit 10 g Zucker und Kardamom aufkochen. Abkühlen lassen. • Ananas schälen, vom Strunk befreien und in 3 mm dicke Scheiben schneiden. Mit dem Kardamomwasser beträufeln. • Minzblätter hacken. • Kokosjoghurt mit Minze, Orangenabrieb und 1 TL Zucker mischen. • Ananasscheiben auf zwei Teller verteilen, mit Kokosjoghurt und Sesamkrokant anrichten.

Erfrischendes Gericht mit einem Hauch von

PIÑA COLADA

HIMBEER-SHORTBREAD

600 g
HIMBEEREN (FRISCH ODER TK)

160 g
ROHRZUCKER

240 g
BUTTER

400 g
MEHL

½ TL
BACKPULVER

20 g
SPEISESTÄRKE

AUS DEM VORRAT: 1 PRISE SALZ

10 STÜCKE

20 MIN.
+ 30 MIN.
BACKEN

350 g Himbeeren mit 40 g Zucker bestreuen. • Backofen auf 200 °C vorheizen. • 140 g Butter und 40 g Zucker schaumig rühren, 220 g Mehl und Backpulver unterkneten. • Teig in eine Springform (mit Backpapier) geben und flachdrücken. 15 Min. backen. • 100 g Butter, 80 g Zucker, Salz und restliches Mehl zu Streuseln verkneten. • Gezuckerte Beeren erhitzen. Speisestärke mit 4 EL kaltem Wasser verrühren und zu den heißen Beeren geben. Aufkochen und 1 Min. köcheln lassen. Restliche Beeren unterrühren. • Beeren, dann Streusel auf dem Kuchenboden verteilen. Das Shortbread weitere 30 Min. backen.

...soooo

LECKER

mit frischer
aufgeschlagener
Vanillesahne!

HAFER-CASHEW-COOKIES

100 g
CASHEWKERNE

100 g
GETROCKNETE APRIKOSEN

100 g
HAFERFLOCKEN

2 El
KAKAONIPS

50 g
AHORNSIRUP

2 El
MANDELMUS

AUS DEM VORRAT: 1 PRISE SALZ • 1 PRISE VANILLEPULVER • ¼ TL KARDAMOM • 50 G KOKOSÖL

CA. 15 STÜCK

25 MIN. +
20 MIN.
BACKEN

Backofen auf 170 °C vorheizen. • Cashewkerne und Aprikosen klein hacken und mit Haferflocken, Kakaonips und den Gewürzen mischen. • Ahornsirup, Mandelmus und Kokosöl pürieren und mit der Hand gut mit den trockenen Zutaten vermengen. • Hände anfeuchten, aus der Masse kastaniengroße Kugeln formen, auf ein mit Backpapier belegtes Backblech geben und jeweils zu einem Cookie flach drücken. • Die Cookies im Ofen 20–25 Min. backen.

Leckerer und gesunder Keks zum nachmittäglichen Kaffee. Mit gesunden BALLASTSTOFFEN.

SCHOKOKUGELN MIT KOKOS

200 g DATTELN, ENTSTEINT — *100 g* MANDELN — *2 TL* AHORNSIRUP

30 g KAKAOPULVER — *1 TL* MATCHATEEPULVER — *3 EL* KOKOSRASPEL

AUS DEM VORRAT: 1 PRISE SALZ • 1 PRISE VANILLEPULVER

12 KUGELN

15 MIN.

Datteln und Mandeln fein hacken und gut mit Ahornsirup, Salz, Vanille-, Kakao- und Matchateepulver mischen, bis eine klebrige Masse entsteht. • Mit feuchten Händen aus der Masse ca. 2 cm große Bällchen formen. • Die Bällchen in Kokosraspeln wälzen. Im Kühlschrank sind sie ca. 2 Wochen haltbar.

Tipp:
Wenn die Datteln zu hart sind, mindestens 2 Stunden oder über Nacht in Wasser einweichen.

INGWER-COOKIES

1 EL LEINSAMENSCHROT — *120 g* BUTTER — *80 g* ROHRZUCKER

150 g DINKELMEHL — *50 g* HAFERFLOCKEN — *1 EL* INGWERPULVER

AUS DEM VORRAT: 4 EL WASSER • ½ TL ZIMT • 1 PRISE SALZ

20 STÜCK

15 MIN. + 15 MIN. BACKEN

Backofen auf 180 °C vorheizen. • Leinsamen mit 3 EL Wasser mischen und quellen lassen. • Butter und Zucker mit dem Handrührer cremig rühren. Mehl und Leinsamenmischung unterrühren. Restliche Zutaten unterheben. • Mit feuchten Händen aus dem Teig 20 Bällchen formen. • Die Bällchen auf ein mit Backpapier ausgelegtes Backblech legen und mit einem feuchten Löffel leicht andrücken. • Die Cookies 12–15 Min. im Ofen backen.

APFEL-MANDEL-KUCHEN

150 g
GEMAHLENE MANDELN

150 g
DINKEL-VOLLKORNMEHL

2 TL
WEINSTEIN-BACKPULVER

70 g
ROHRZUCKER

1
EI

2
ÄPFEL

AUS DEM VORRAT: 70 G KOKOSÖL • 70 ML WASSER • 1 TL ZIMT • ½ TL VANILLEPULVER • 1 PRISE SALZ

12 STÜCKE

20 MIN. + 40 MIN. BACKEN

Backofen auf 170 °C vorheizen. • Alle Zutaten bis auf die Äpfel gut verrühren. • Teigmasse in eine gefettete Springform (24 cm ∅) füllen. • Äpfel schälen, halbieren, Kerngehäuse entfernen. Apfelhälften in dünne Scheiben schneiden. • Die Apfelscheiben gleichmäßig in die Teigmasse einsetzen und etwas eindrücken. Mit Zimt bestäuben. • Den Kuchen im Ofen 40–45 Min. backen. Auskühlen lassen.

RHABARBERKUCHEN MIT MARZIPAN

600 g
RHABARBER

80 g
ROHRZUCKER

200 g
DINKELMEHL

100 g
MARZIPAN-ROHMASSE

30 g
GEHOBELTE MANDELN

AUS DEM VORRAT: 1 PRISE SALZ • 75 G OLIVENÖL, MILD • 50 ML WASSER • 1 PRISE VANILLE

12 STÜCKE

30 MIN. + 40 MIN. BACKEN

Backofen auf 180 °C vorheizen. • Rhabarber putzen, schälen und in Stücke schneiden. Mit 30 g Zucker mischen. • Mehl, Salz und 50 g Zucker mischen. Öl und Wasser nach und nach hinzufügen und alles verkneten. • Teig unter Klarsichtfolie ca. 5 mm dick ausrollen. • Springform (24 cm ∅) einfetten und den Teig hineindrücken. • Marzipan in Würfel schneiden, mit Rhabarber (ohne Flüssigkeit) und Vanille mischen. • Mischung auf dem Teig verteilen, Mandeln darüber geben und den Kuchen 40 Min. im Ofen backen.

Tipp:
Statt Olivenöl kann auch Kokosöl verwendet werden.

Rezept- und Zutatenverzeichnis

Liebe Leserin, lieber Leser,

hat Ihnen dieses Buch weitergeholfen? Für Anregungen, Kritik, aber auch für Lob sind wir offen. So können wir in Zukunft noch besser auf Ihre Wünsche eingehen. Schreiben Sie uns, denn Ihre Meinung zählt!

Ihr TRIAS Verlag

support.thieme.com/de-DE • thieme.com/produktsicherheit

/trias.tut.mir.gut

/trias_verlag

natuerlich.thieme.de/natuerlich-gesund

www.trias-verlag.de/newsletter

Stichwortverzeichnis

Quellen der Stockfotos von stock.adobe.com

S. 28: Datteln: © bigacis/stock.adobe.com; Reismilch: © baibaz/stock.adobe.com; Hirseflocken: © wojot/stock.adobe.com; Leinsamen: © dule964/stock.adobe.com; Apfel: © Markus Mainka (www.markus-mainka.de)/stock.adobe.com; Ahornsirup: © Jiri Hera/stock.adobe.com, Birne: © volff/stock.adobe.com; Mandelsplitter: © Moving Moment/stock.adobe.com; Honig: © Nata Studio/stock.adobe.com
S. 29: Mango: © Reena/stock.adobe.com; Banane: © Andrzej Tokarski/stock.adobe.com; Mandeldrink: © Pixel-Shot/stock.adobe.com; Chiasamen: © photocrew/stock.adobe.com; Honig: © Nata Studio/stock.adobe.com, Apfel: © Markus Mainka/stock.adobe.com; Haselnüsse: © Peter Hermes Furian/stock.adobe.com; Joghurt: © Coprid/stock.adobe.com; Honig: © Nata Studio/stock.adobe.com; Leinsamen: © dule964/stock.adobe.com
S. 30: Hirse: © xamtiw/stock.adobe.com; Mandeln: © Moving Moment/stock.adobe.com; Mandelmus: © jarafoti/stock.adobe.com; Honig: © Nata Studio/stock.adobe.com; Himbeeren: © maria_bk/stock.adobe.com
S. 32: Datteln: © bigacis/stock.adobe.com; Tütchen: © Ellengold/stock.adobe.com, Äpfel: © Natalja Stotika/stock.adobe.com; getrocknete Pflaumen: © robertsre/stock.adobe.com; Ingwer: © mates/stock.adobe.com; Zitrone: © kitsananan Kuna/stock.adobe.com; Honig: © Nata Studio/stock.adobe.com; Kokosraspel: © New Africa/stock.adobe.com
S. 33: Mandeldrink: © Pixel-Shot/stock.adobe.com; Chiasamen: © photocrew/stock.adobe.com; Honig: © Nata Studio/stock.adobe.com; Himbeeren: © maria_bk/stock.adobe.com; Zitronensaft: © Africa Studio/stock.adobe.com, Mango: © Reena/stock.adobe.com; Blaubeeren: © GCapture/stock.adobe.com; Kiwi: © Natika/stock.adobe.com; Orange: © atoss/stock.adobe.com; Honig: © Nata Studio/stock.adobe.com; Minze: © Björn Wylezich/stock.adobe.com
S. 34: Quinoa: © koosen/stock.adobe.com; Kokos-Drink: © iprachenko/stock.adobe.com; Kakaopulver: © AnKudi/stock.adobe.com; Ahornsirup: © Jiri Hera/stock.adobe.com; Granatapfelkerne: © oxie99/stock.adobe.com; Kokosraspel: © New Africa/stock.adobe.com
S. 36: Ingwer: © mates/stock.adobe.com; Milchreis: © Jiri Hera/stock.adobe.com; Kokosraspel: © New Africa/stock.adobe.com; Ahornsirup: © Jiri Hera/stock.adobe.com; getrocknete Aprikosen: © Liaurinko/stock.adobe.com, Walnusskerne: © Tatyana Sidyukova/stock.adobe.com; Amaranth: © rainbow33/stock.adobe.com; Sonnenblumenkerne: © Coprid/stock.adobe.com; Sesam: © Viktor/stock.adobe.com; Ahornsirup: © Jiri Hera/stock.adobe.com
S. 37: Himbeeren: © maria_bk/stock.adobe.com; Banane: © Andrzej Tokarski/stock.adobe.com; Mandelmus: © jarafoti/stock.adobe.com; Datteln: © bigacis/stock.adobe.com; Chiasamen: © photocrew/stock.adobe.com. Mandelmus: © jarafoti/stock.adobe.com; Dinkelmehl: © kolesnikovserg/stock.adobe.com; Rohrzucker: © Elena Odareeva/stock.adobe.com; Backpulver: © kolesnikovserg/stock.adobe.com; Wasserglas: © Gresei/stock.adobe.com
S. 38: Chiasamen: © photocrew/stock.adobe.com; Mandelmilch: © Pixel-Shot/stock.adobe.com; Vanillezucker: © unpict/stock.adobe.com; Erdbeeren: © Parad St/stock.adobe.com; Walnüsse: © Tatyana Sidyukova/stock.adobe.com
S. 40: Chiasamen: © photocrew/stock.adobe.com; Dinkelmehl: © kolesnikovserg/stock.adobe.com; Mandelmilch: © Pixel-Shot/stock.adobe.com; Banane: © Andrzej Tokarski/stock.adobe.com; Honig: © Nata Studio/stock.adobe.com; Kokosflocken: © New Africa/stock.adobe.com
S. 42: Dinkelmehl: © kolesnikovserg/stock.adobe.com; Hefe: © Jiri Hera/stock.adobe.com; Apfelessig: © Roman Ivaschenko/stock.adobe.com; Leinsamen: © kolesnikovserg/stock.adobe.com; Sonnenblumenkerne: © Coprid/stock.adobe.com; Kürbiskerne: © sangsiripech/stock.adobe.com; Chiasamen: © photocrew/stock.adobe.com; Flohsamenschalen: © canyonos/stock.adobe.com
S. 43: Dinkelmehl: © kolesnikovserg/stock.adobe.com; Hefe: © Jiri Hera/stock.adobe.com, Knoblauchzehen: © Christian Jung/stock.adobe.com; Limette: © Roman Samokhin/stock.adobe.com; Koriander: © Scisetti Alfio/stock.adobe.com; Kirschtomaten: © OFC Pictures/stock.adobe.com; Brot: © ExQuisine/stock.adobe.com
S. 44: Süßkartoffel: © Creatus/stock.adobe.com; Frischkäse: © Mara Zemgaliete/stock.adobe.com; Limette: © Roman Samokhin/stock.adobe.com; Koriander: © Scisetti Alfio/stock.adobe.com; Sprossen: © boonchuay1970/stock.adobe.com
S. 46: Sonnenblumenkerne: © Coprid/stock.adobe.com; Tomaten: © OFC Pictures/stock.adobe.com; getrocknete Tomaten: © Elzbieta Sekowska/stock.adobe.com; Möhrensaft: © Markus Mainka/stock.adobe.com; Basilikum: © TheFarAwayKingdom/stock.adobe.com, Erdbeeren: © Parad St/stock.adobe.com; Chiasamen: © photocrew/stock.adobe.com; Zitronensaft: © Africa Studio/stock.adobe.com; Honig: © Nata Studio/stock.adobe.com
S. 47: Zitrone: © grey/stock.adobe.com; Äpfel: © Natalja Stotika/stock.adobe.com; Frischer Ingwer: © mates/stock.adobe.com; Frischer Kurkuma: © vitals/stock.adobe.com; Sanddornsaft: © kolesnikovserg/stock.adobe.com; Honig: © Nata Studio/stock.adobe.com, Ingwer: © mates/stock.adobe.com; Mandelmilch: © Pixel-Shot/stock.adobe.com; Ahornsirup: © Jiri Hera/stock.adobe.com
S. 48: Rote Bete: © ilietus/stock.adobe.com; Rote Linsen: © kolesnikovserg/stock.adobe.com; Rucola: © Jiri Hera/stock.adobe.com; Feta: © bigacis/stock.adobe.com; Walnüsse: © Tatyana Sidyukova/stock.adobe.com; Apfelessig: © Roman Ivaschenko/stock.adobe.com
S. 50: Spargel: © Shawn Hempel/stock.adobe.com; getrocknete Tomaten: © Elzbieta Sekowska/stock.adobe.com; Balsamicoessig: © Roman Ivaschenko/stock.adobe.com; Honig: © Nata Studio/stock.adobe.com; Rucola: © Jiri Hera/stock.adobe.com; Basilikum: © Jiri Hera/stock.adobe.com
S. 52: Knoblauch: © F.C.G./stock.adobe.com; Belugalinsen: © photocrew/stock.adobe.com; Basilikum: © Jiri Hera/stock.adobe.com; getrocknete Tomaten: © grey/stock.adobe.com; Balsamicoessig: © AlenKadr/stock.adobe.com; Pinienkerne: © kolesnikovserg/stock.adobe.com, Möhren: © angorius/stock.adobe.com; Grünkohl: © nito/stock.adobe.com; Frühlingszwiebeln: © sucharat/stock.adobe.com; Zitronensaft: © Africa Studio/stock.adobe.com
S. 53: Kichererbsenmehl: © ExQuisine/stock.adobe.com; Rosmarin: © oxie99/stock.adobe.com; Kürbiskerne: © sangsiripech/stock.adobe.com; Pastinake: © sarahdoow/stock.adobe.com; Zucchini: © tab62/stock.adobe.com, Knoblauch: © F.C.G./stock.adobe.com; Lauch: © PhotoEd/stock.adobe.com; Quinoa: © koosen/stock.adobe.com; Ei: © Pineapple studio/stock.adobe.com
S. 54: Kürbis: © PIXbank/stock.adobe.com; Knoblauch: © F.C.G./stock.adobe.com; Hirse: © xamtiw/stock.adobe.com; Tomaten in Öl: © grey/stock.adobe.com; Sojasauce: © Gresei/stock.adobe.com
S. 56: Quinoa: © koosen/stock.adobe.com; Cocktailtomaten: © fotos4u/stock.adobe.com; Zitronensaft: © Africa Studio/stock.adobe.com, Weißer Spargel: © Shawn Hempel/stock.adobe.com; Grüner Spargel: © supamas/stock.adobe.com; Radieschen: © Cherries/stock.adobe.com; Ingwer: © mates/stock.adobe.com; Rohrzucker: © Elena Odareeva/stock.adobe.com; Schnittlauch: © Gunter Kremer/stock.adobe.com
S. 57: Rosmarinzweig: © oxie99/stock.adobe.com; Paprika: © MissesJones/stock.adobe.com; Zucchini: © tab62/stock.adobe.com; Oliven: © Moving Moment/stock.adobe.com; Balsamicoessig: © AlenKadr/stock.adobe.com, Auberginen: © grey/stock.adobe.com; Honig: © Nata Studio/stock.adobe.com; Ziegenfrischkäse: © Mara Zemgaliete/stock.adobe.com
S. 58: Blumenkohl: © Lunipa/stock.adobe.com; Paprika: © eyetronic/stock.adobe.com; Zitrone: © grey/stock.adobe.com; Tahini: © Moving Moment/stock.adobe.com; Kichererbsen: © stuartbur/stock.adobe.com
S. 60: Knoblauch: © F.C.G./stock.adobe.com; Rucola: © Jiri Hera/stock.adobe.com; getrocknete Tomaten: © Elzbieta Sekowska/stock.adobe.com; Feta: © bigacis/stock.adobe.com; Polenta: © oxie99/stock.adobe.com
S. 62: Cashewkerne: © Igor Kovalchuk/stock.adobe.com; Möhren: © OLESYA TSEYTLIN/stock.adobe.com; Ingwer: © mates/stock.adobe.com; getrocknete Aprikosen: © Liaurinko/stock.adobe.com; Minze: © Alexander Raths/stock.adobe.com; Salatblätter: © khumthong/stock.adobe.com, Süßkartoffel: © Creatus/stock.adobe.com; Knoblauch: © Christian Jung/stock.adobe.com; Sesam: © Viktor/stock.adobe.

com; Koriander: © Scisetti Alfio/stock.adobe.com; Limette: © Roman Samokhin/stock.adobe.com
S. 63: Chiasamen: © photocrew/stock.adobe.com; Kichererbsenmehl: © ExQuisine/stock.adobe.com; Leinsamenschrot: © dule964/stock.adobe.com; Sesam: © Viktor/stock.adobe.com; Hanfsamen: © womue/stock.adobe.com, Mango: © Reena/stock.adobe.com; Banane: © Andrzej Tokarski/stock.adobe.com; Zitronensaft: © Africa Studio/stock.adobe.com; Spinat: © New Africa/stock.adobe.com
S. 64: Tomaten: © bergamont/stock.adobe.com; getrocknete Aprikosen: © Liaurinko/stock.adobe.com; Ingwer: © mates/stock.adobe.com; Orangensaft: © innafoto2017/stock.adobe.com; Rosmarin: © oxie99/stock.adobe.com
S. 66: Mango: © Reena/stock.adobe.com; Chili: © Baltazar/stock.adobe.com; Ingwer: © mates/stock.adobe.com; Ahornsirup: © Jiri Hera/stock.adobe.com; Apfelessig: © Roman Ivaschenko/stock.adobe.com; Rosinen: © Touchr/stock.adobe.com, Minze: © Björn Wylezich/stock.adobe.com; Koriander: © Scisetti Alfio/stock.adobe.com; Ingwer: © mates/stock.adobe.com; Limette: © rimglow/stock.adobe.com; Kokosraspel: © New Africa/stock.adobe.com; Ahornsirup: © Jiri Hera/stock.adobe.com
S. 67: Apfel: © Markus Mainka (www.markus-mainka.de)/stock.adobe.com; Ingwer: © mates/stock.adobe.com; Datteln: © bigacis/stock.adobe.com; Zitrone: © kitsananan Kuna/stock.adobe.com; Senfsaat: © oxie99/stock.adobe.com; Orangensaft: © innafoto2017/stock.adobe.com, Bohnen: © baibaz/stock.adobe.com; Schalotte: © Bert Folsom/stock.adobe.com; Knoblauch: © F.C.G./stock.adobe.com; Joghurt: © Coprid/stock.adobe.com; Tahini: © Moving Moment/stock.adobe.com; Paprikapulver: © nutapongg/stock.adobe.com
S. 68: Birnen: © volff/stock.adobe.com; Zitrone: © kitsananan Kuna/stock.adobe.com; Ingwer: © mates/stock.adobe.com; Rohrzucker: © Elena Odareeva/stock.adobe.com; Apfelessig: © Roman Ivaschenko/stock.adobe.com
S. 70: Kichererbsen: © stuartbur/stock.adobe.com; Knoblauch: © F.C.G./stock.adobe.com; Tahini: © Moving Moment/stock.adobe.com; Zitronensaft: © Africa Studio/stock.adobe.com, Kichererbsen: © stuartbur/stock.adobe.com; Paprika: © eyetronic/stock.adobe.com; Zitronensaft: © Africa Studio/stock.adobe.com; Tahini: © Moving Moment/stock.adobe.com; Paprikapulver: © nuttapongg/stock.adobe.com; Kokosblütenzucker: © dima_pics/stock.adobe.com
S. 71: Gurke: © by-studio/stock.adobe.com; Minze: © Alexander Raths/stock.adobe.com; Joghurt: © Coprid/stock.adobe.com, Knoblauch: © F.C.G./stock.adobe.com; Tahini: © Moving Moment/stock.adobe.com; Sojasauce: © Gresei/stock.adobe.com; Zitronensaft: © Africa Studio/stock.adobe.com; Ahornsirup: © Jiri Hera/stock.adobe.com
S. 72: Knoblauch: © F.C.G./stock.adobe.com; Zitrone: © Kitsananan Kuna/stock.adobe.com; Koriander: © Scisetti Alfio/stock.adobe.com; Edamame: © torsakarin/stock.adobe.com; Tahini: © Moving Moment/stock.adobe.com; Ingwer: © mates/stock.adobe.com
S. 74: Knoblauch: © F.C.G./stock.adobe.com; Ingwer: © mates/stock.adobe.com; Limette: © rimglow/stock.adobe.com; Erdnussmus: © Pixel-Shot/stock.adobe.com; Sojasauce: © Gresei/stock.adobe.com; Ahornsirup: © Jiri Hera/stock.adobe.com, Kürbiskerne: © sangsiripech/stock.adobe.com; Knoblauch: © F.C.G./stock.adobe.com; Koriander: © Scisetti Alfio/stock.adobe.com; Zitronensaft: © Africa Studio/stock.adobe.com; Ahornsirup: © Jiri Hera/stock.adobe.com
S. 75: Bärlauch: © photocrew/stock.adobe.com; Kürbiskerne: © sangsiripech/stock.adobe.com; Zitrone: © kitsananan Kuna/stock.adobe.com, Knoblauch: © F.C.G./stock.adobe.com; Schalotte: © Bert Folsom/stock.adobe.com; Butter: © bigacis/stock.adobe.com; Zitronensaft: © Africa Studio/stock.adobe.com
S. 76: Süßkartoffeln: © Creatus/stock.adobe.com; Feta: © bigacis/stock.adobe.com; Knoblauch: © F.C.G./stock.adobe.com; Oliven: © Moving Moment/stock.adobe.com; Rucola: © Jiri Hera/stock.adobe.com; Zitronensaft: © Africa Studio/stock.adobe.com
S. 78: Zucchini: © Tatiana/stock.adobe.com; Knoblauch: © F.C.G./stock.adobe.com; Salbei: © boonchuay1970/stock.adobe.com; Kürbiskerne: © sangsiripech/stock.adobe.com; getrocknete Tomaten: © grey/stock.adobe.com
S. 80: rote Linsen: © kolesnikovserg/stock.adobe.com; Knoblauch: © F.C.G./stock.adobe.com; Ingwer: © mates/stock.adobe.com; Tomatenmark: © Bernd Schmidt/stock.adobe.com, Auberginen: © grey/stock.adobe.com; Zucchini: © tab62/stock.adobe.com; Tomaten: © OFC Pictures/stock.adobe.com; Paprikapulver: © nuttapongg/stock.adobe.com; Koriander: © Scisetti Alfio/stock.adobe.com
S. 81: Blumenkohl: © Lunipa/stock.adobe.com; Schalotte: © Bert Folsom/stock.adobe.com; Knoblauch: © F.C.G./stock.adobe.com; Champignons: © yvdavid/stock.adobe.com; Polenta: © oxie99/stock.adobe.com, Datteln: © bigacis/stock.adobe.com; Couscous: © Liaurinko/stock.adobe.com; Salbei: © boonchuay1970/stock.adobe.com; getrocknete Tomaten: © Elzbieta Sekowska/stock.adobe.com; Kapern: © emuck/stock.adobe.com
S. 82: Zuckerschoten: © womue/stock.adobe.com; Möhren: © angorius/stock.adobe.com; Basmatireis: © mayakova/stock.adobe.com; Räuchertofu: © Peter Hermes Furian/stock.adobe.com; Sesam: © Viktor/stock.adobe.com
S. 84: Rosmarin: © margo555/stock.adobe.com; Salbei: © boonchuay1970/stock.adobe.com; Zucchini: © tab62/stock.adobe.com; Blätterteig: © New Africa/stock.adobe.com; Ziegenkäse: © bigacis/stock.adobe.com; getrocknete Tomaten: © grey/stock.adobe.com, Aprikosen: © Liaurinko/stock.adobe.com; Möhre: © Valentina R./stock.adobe.com; Hirse: © xamtiw/stock.adobe.com; Baharat: © womue/stock.adobe.com
S. 85: Kartoffeln: © Natika/stock.adobe.com; Paprikapulver: © nuttapongg/stock.adobe.com; Currypulver: © exopixel/stock.adobe.com; Schmand: © rufar/stock.adobe.com; Schnittlauch: © Gunter Kremer/stock.adobe.com, Ingwer: © mates/stock.adobe.com; Quinoa: © koosen/stock.adobe.com; Rosinen: © Touchr/stock.adobe.com; Baharat: © womue/stock.adobe.com; Möhren: © OLESYA TSEYTLIN/stock.adobe.com; Limette: © Roman Samokhin/stock.adobe.com
S. 86: Blumenkohl: © Lunipa/stock.adobe.com; Spinat: © New Africa/stock.adobe.com; Knoblauch: © F.C.G./stock.adobe.com; Eier: © Rynio Productions/stock.adobe.com; Kresse: © cristi180884/stock.adobe.com
S. 88: Knollensellerie: © Dmytro/stock.adobe.com; Risottoreis: © Jiri Hera/stock.adobe.com; Salbei: © boonchuay1970/stock.adobe.com; Zitrone: © kitsananan Kuna/stock.adobe.com; Kapern: © emuck/stock.adobe.com; Kürbis: © PIXbank/stock.adobe.com; Schalotte: © Bert Folsom/stock.adobe.com; Knoblauch: © F.C.G./stock.adobe.com; Risottoreis: © Jiri Hera/stock.adobe.com; Cashewmus: © Peter Hermes Furian/stock.adobe.com; Rucola: © Jiri Hera/stock.adobe.com
S. 89: Belugalinsen: © photocrew/stock.adobe.com; Möhre: © Valentina R./stock.adobe.com; Lauch: © PhotoEd/stock.adobe.com; Tomatenstücke: © Moving Moment/stock.adobe.com; Spirelli: © Thomas Francois/stock.adobe.com, Pinienkerne: © kolesnikovserg/stock.adobe.com; Basilikum: © TheFarAwayKingdom/stock.adobe.com; Schnittlauch: © Gunter Kremer/stock.adobe.com; Spaghetti: © Maxim/stock.adobe.com; Parmesan: © maxsol7/stock.adobe.com
S. 90: Mozzarella: © Bozena Fulawka/stock.adobe.com; Mango: © Reena/stock.adobe.com; Limette: © rimglow/stock.adobe.com; Ingwer: © mates/stock.adobe.com; Orangensaft: © innafoto2017/stock.adobe.com
S. 92: Fenchel: © MP2/stock.adobe.com; Orange: © alexlukin/stock.adobe.com; getrocknete Tomaten: © Elzbieta Sekowska/stock.adobe.com; Baguette: © MissesJones/stock.adobe.com; Parmesan: © ange1011/stock.adobe.com
S. 94: Kürbis: © PIXbank/stock.adobe.com; Basilikum: © TheFarAwayKingdom/stock.adobe.com; Rohrzucker: © Elena Odareeva/stock.adobe.com; Tomatenstücke: © Moving Moment/stock.adobe.com; Tagliatelle: © janvier/stock.adobe.com, Knoblauch: © F.C.G./stock.adobe.com; getrocknete Tomaten: © grey/stock.adobe.com; Tomatenstücke: © Moving Moment/stock.adobe.com; Mais: © Africa Studio/stock.adobe.com; Kidneybohnen: © Markus Mainka/stock.adobe.com
S. 95: Mehl: © kolesnikovserg/stock.adobe.com; Sesam: © Viktor/stock.adobe.com, Frühlingszwiebeln: © sucharat/stock.adobe.com; Brokkoli: © Paulista/stock.adobe.com; Zuckerschoten: © womue/stock.adobe.com; Knoblauch: © F.C.G./stock.adobe.com; Sojasauce: © Gresei/stock.adobe.com; Cashewkerne: © Igor Kovalchuk/stock.adobe.com
S. 96: Kichererbsen: © stuartbur/stock.adobe.com; Minze: © Alexander Raths/stock.adobe.com; Kichererbsenmehl: © ExQuisine/stock.adobe.

com; Hackfleisch: © womue/stock.adobe.com
S. 98: Hühnerbrust: © Joe Gough/stock.adobe.com; Sojasauce: © Gresei/stock.adobe.com; Ingwer: © mates/stock.adobe.com; Zucchini: © tab62/stock.adobe.com; Tomatenstücke: © Moving Moment/stock.adobe.com
S. 100: Hühnerbrust: © Joe Gough/stock.adobe.com; Ingwer: © mates/stock.adobe.com; Tomatenmark: © Bernd Schmidt/stock.adobe.com; gemahlene Mandeln: © joanna wnuk/stock.adobe.com, Orange: © atoss/stock.adobe.com; Rotbarschfilets: © ExQuisine/stock.adobe.com; Apfel: © Markus Mainka (www.markus-mainka.de)/stock.adobe.com; Apfelessig: © Roman Ivaschenko/stock.adobe.com; Ingwer: © mates/stock.adobe.com
S. 101: Möhren: © angorius/stock.adobe.com; Lauch: © PhotoEd/stock.adobe.com; Ahornsirup: © Jiri Hera/stock.adobe.com; Forellen: © WDnet Studio/stock.adobe.com; Zitronensaft: © Africa Studio/stock.adobe.com, Zitronensaft: © Africa Studio/stock.adobe.com; Knoblauch: © F.C.G./stock.adobe.com; Tomate: © Jacek Fulawka/stock.adobe.com; Kartoffeln: © sp4764/stock.adobe.com; Lachs: © PhotoSG/stock.adobe.com
S. 102: Ananas: © atoss/stock.adobe.com; Ingwer: © mates/stock.adobe.com; Reis: © mayakova/stock.adobe.com; Lachs: © PhotoSG/stock.adobe.com; Knoblauch: © Christian Jung/stock.adobe.com; Frühlingszwiebeln: © sucharat/stock.adobe.com
S. 104: Fenchel: © MP2/stock.adobe.com; Orange: © atoss/stock.adobe.com; Ahornsirup: © Jiri Hera/stock.adobe.com; Reis: © mayakova/stock.adobe.com; Kabeljaufilet: © womue/stock.adobe.com; Zitronensaft: © Africa Studio/stock.adobe.com
S. 106: Brokkoli: © Paulista/stock.adobe.com; Kartoffeln: © sp4764/stock.adobe.com; Lauch: © PhotoEd/stock.adobe.com; Mandelblättchen: © ozmen/stock.adobe.com; Mandelmus: © jarafoti/stock.adobe.com; Kresse: © cristi180884/stock.adobe.com
S. 108: Möhren: © angorius/stock.adobe.com; Knollensellerie: © Dmytro/stock.adobe.com; Lauch: © PhotoEd/stock.adobe.com; Ingwer: © mates/stock.adobe.com, Ingwer: © mates/stock.adobe.com; Glasnudeln: © Alexander/stock.adobe.com; Champignons: © yvdavid/stock.adobe.com; Babyspinat: © New Africa/stock.adobe.com; Sesam: © Viktor/stock.adobe.com; Tamari: © AlenKadr/stock.adobe.com
S. 109: Ingwer: © mates/stock.adobe.com; Möhren: © angorius/stock.adobe.com; Aprikosen: © Liaurinko/stock.adobe.com; Sahne: © oriori/stock.adobe.com, Kartoffeln: © Natika/stock.adobe.com; Spinat: © New Africa/stock.adobe.com; Bärlauch: © photocrew/stock.adobe.com; Sahne: © oriori/stock.adobe.com; Muskat: © Diana Taliun/stock.adobe.com
S. 110: Tomaten: © OFC Pictures/stock.adobe.com; Knoblauch: © F.C.G./stock.adobe.com; Tomatenmark: © Bernd Schmidt/stock.adobe.com; Basilikum: © TheFarAwayKingdom/stock.adobe.com/stock.adobe.com; Ahornsirup: © Jiri Hera/stock.adobe.com
S. 112: Mung-Dal: © Prashant ZI/stock.adobe.com; Basmatireis: © mayakova/stock.adobe.com; Möhren: © angorius/stock.adobe.com; Lauch: © PhotoEd/stock.adobe.com; Ingwer: © mates/stock.adobe.com; Zitronensaft: © Africa Studio/stock.adobe.com
S. 114: Knoblauch: © Christian Jung/stock.adobe.com; Lauch: © PhotoEd/stock.adobe.com; Spitzkohl: © MP2/stock.adobe.com; Möhre: © Valentina R./stock.adobe.com; Bohnen: © baibaz/stock.adobe.com, Lauch: © PhotoEd/stock.adobe.com; Schalotte: © Bert Folsom/stock.adobe.com; Sesamöl: © hjschneider/stock.adobe.com; Süßkartoffel: © Creatus/stock.adobe.com; Ingwer: © mates/stock.adobe.com
S. 115: Kürbis: © PIXbank/stock.adobe.com; Zucker: © mayakova/stock.adobe.com; Weißwein: © janvier/stock.adobe.com; Nelke: © Andrea/stock.adobe.com; Sahne: © oriori/stock.adobe.com, Spargel: © Shawn Hempel/stock.adobe.com; Rohrzucker: © Elena Odareeva/stock.adobe.com; Schalotte: © Bert Folsom/stock.adobe.com; Sahne: © oriori/stock.adobe.com; Kresse: © cristi180884/stock.adobe.com
S. 116: Möhre: © Valentina R./stock.adobe.com; Rote Bete: © ilietus/stock.adobe.com; Frühlingszwiebel: © sucharat/stock.adobe.com; Knoblauch: © F.C.G./stock.adobe.com; Balsamicoessig: © AlenKadr/stock.adobe.com; Ziegenfrischkäse: © Mara Zemgaliete/stock.adobe.com
S. 118: Süßkartoffel: © Creatus/stock.adobe.com; Paprikapulver: © nuttapongg/stock.adobe.com; Tomatenmark: © Bernd Schmidt/stock.adobe.com; Linsen: © kolesnikovserg/stock.adobe.com; Minze: © Björn Wylezich/stock.adobe.com, Brokkoli: © Paulista/stock.adobe.com; Kohlrabi: © imagineilona/stock.adobe.com; Möhre: © Valentina R./stock.adobe.com; Lauch: © PhotoEd/stock.adobe.com; Quinoa: © koosen/stock.adobe.com; Kresse: © cristi180884/stock.adobe.com
S. 119: Ingwer: © mates/stock.adobe.com; Knoblauch: © F.C.G./stock.adobe.com; Topinambur: © Stephane Duchateau/stock.adobe.com; Basilikum: © TheFarAwayKingdom/stock.adobe.com, Frühlingszwiebeln: © sucharat/stock.adobe.com; Kartoffel: © sommai/stock.adobe.com; Erbsen: © ange1011/stock.adobe.com; Minze: © Björn Wylezich/stock.adobe.com; Zitronensaft: © Africa Studio/stock.adobe.com
S. 120: Frühlingszwiebeln: © sucharat/stock.adobe.com; Zucchini: © tab62/stock.adobe.com; Basilikum: © TheFarAwayKingdom/stock.adobe.com; Sesam: © Viktor/stock.adobe.com; Zitrone: © kitsananan Kuna/stock.adobe.com
S. 122: Schalotte: © Bert Folsom/stock.adobe.com; Knoblauch: © F.C.G./stock.adobe.com; Ingwer: © mates/stock.adobe.com; Wurzelpetersilie: © Leonid Nyshko/stock.adobe.com
S. 124: Mango: © Reena/stock.adobe.com; Sahne: © oriori/stock.adobe.com; Vanillezucker: © unpict/stock.adobe.com; Magerquark: © bigacis/stock.adobe.com; Pistazien: © ExQuisine/stock.adobe.com
S. 126: Dinkel-Vollkorngrieß: © kolesnikovserg/stock.adobe.com; Reis-/Kokosmilch: © baibaz/stock.adobe.com; Rohrohrzucker: © Elena Odareeva/stock.adobe.com; Mandelblättchen: © ozmen/stock.adobe.com; Ahornsirup: © Jiri Hera/stock.adobe.com, Datteln: © bigacis/stock.adobe.com; gehackte Mandeln: © Moving Moment/stock.adobe.com; Sahne: © oriori/stock.adobe.com
S. 127: Dinkelmehl: © kolesnikovserg/stock.adobe.com; brauner Zucker: © Elena Odareeva/stock.adobe.com; Vanillezucker: © unpict/stock.adobe.com; Backpulver: © kolesnikovserg/stock.adobe.com; Mandelmilch: © Pixel-Shot/stock.adobe.com; Apfelmus: © Moving Moment/stock.adobe.com, Äpfel: © Natalja Stotika/stock.adobe.com; Ingwer: © sarahdoow/stock.adobe.com; Dinkelmehl: © kolesnikovserg/stock.adobe.com; Ahornsirup: © Jiri Hera/stock.adobe.com; Kokosraspel: © New Africa/stock.adobe.com
S. 128: Rohrzucker: © Elena Odareeva/stock.adobe.com; Sesam: © Viktor/stock.adobe.com; Ananas: © atoss/stock.adobe.com; Minze: © Björn Wylezich/stock.adobe.com; Kokosjoghurt: © Coprid/stock.adobe.com; Orangenabrieb: © Andrea/stock.adobe.com
S. 130: Himbeeren: © maria_bk/stock.adobe.com; Butter: © bigacis/stock.adobe.com; Rohrzucker: © Elena Odareeva/stock.adobe.com; Mehl: © kolesnikovserg/stock.adobe.com; Backpulver: © kolesnikovserg/stock.adobe.com; Speisestärke: © Mara Zemgaliete/stock.adobe.com
S. 132: Cashewkerne: © Igor Kovalchuk/stock.adobe.com; Aprikosen: © Liaurinko/stock.adobe.com; Kakaonibs: © ExQuisine/stock.adobe.com; Ahornsirup: © Jiri Hera/stock.adobe.com; Mandelmus: © jarafoti/stock.adobe.com
S. 134: Datteln: © bigacis/stock.adobe.com; Mandeln: © spaxiax/stock.adobe.com; Ahornsirup: © Jiri Hera/stock.adobe.com; Kakaopulver: © AnKudi/stock.adobe.com; Matchateepulver: © photocrew/stock.adobe.com; Kokosraspel: © New Africa/stock.adobe.com, Leinsamenschrot: © dule964/stock.adobe.com; Butter: © bigacis/stock.adobe.com; Rohrzucker: © Elena Odareeva/stock.adobe.com; Dinkelmehl: © kolesnikovserg/stock.adobe.com; Ingwerpulver: © Coprid/stock.adobe.com
S. 135: gemahlene Mandeln: © joanna wnuk/stock.adobe.com; Dinkelmehl: © curto/stock.adobe.com; Backpulver: © kolesnikovserg/stock.adobe.com; Rohrzucker: © Elena Odareeva/stock.adobe.com; Ei: © Pineapple studio/stock.adobe.com; Äpfel: © Natalja Stotik/stock.adobe.com, Rhabarber: © Alfred Nesswetha/stock.adobe.com; Rohrzucker: © Elena Odareeva/stock.adobe.com; Dinkelmehl: © kolesnikovserg/stock.adobe.com; Marzipan: © Creatus/stock.adobe.com; gehobelte Mandeln: © ozmen/stock.adobe.com

Empfehlungen von Ulrike Dreier

Im Folgenden finden Sie weiterführende Empfehlungen

Buchempfehlungen

Kulreet Chaudhary mit Eva Adamson: **Wie neugeboren durch modernes Ayurveda. Zum Abnehmen und Entgiften.** Riva: München 2017

Kerstin Rosenberg: **Ayurveda kompakt. Heilkunst und Rezepte für Körper und Seele.** Südwest: München 2014

Nicky Sitaram Sabnis: **Ayurveda-Coach. Was mir bekommt, was mir guttut.** Knaur Menssana: München 2015

Srikanta Sena (Übers.): **Ayurveda-Lehrbuch,** 2 Bde. Bd. 1: **Kompendium des Ayurveda-Klassikers Caraka-Samhita.** Vasati: Kränzlin 2005

Nützliche Links

Ayurveda-Challenge, S. 21: Das PDF zum Ausdrucken und anschließenden Ausfüllen der Ayurveda-Challenge findest du unter: www.wildandveda.com/praxistipps

Gewürze, S. 25: Bezugsquellen für die Gewürze findest du unter: *www.wildandveda.com/praxistipps*

Bibliografische Information der Deutschen Nationalbibliothek
Die Deutsche Nationalbibliothek verzeichnet diese Publikation in der Deutschen Nationalbibliografie; detaillierte bibliografische Daten sind im Internet über http://dnb.d-nb.de abrufbar.

Programmplanung: Uta Spieldiener
Projektmanagement: Annalena Müller
Redaktion: Annette Barth
Bildredaktion: Christoph Frick

Umschlaggestaltung: © Thieme
Layout: CYCLUS · Visuelle Kommunikation, Stuttgart
Konzeption Layout Rezeptseiten: Daniela Sonntag

Bildnachweis:
Umschlagmotiv und Bild S. 6: Daniela Sonntag unter Verwendung von:
Rucola: ©margo555/stock.adobe.com
Kürbis: ©PIXbank/stock.adobe.com
Fotos im Innenteil: Foodfotos und Zeichnungen: Daniela Sonntag
Styling: Stefanie Türck
Autorinnenfoto: Jörn Dreier Photography – www.joern-dreier.de
Zutatenfotos: stock.adobe.com (ausführliches Quellenverzeichnis auf S. 139 ff.)
Zeichnungen: Daniela Sonntag

1. Auflage 2022

TRIAS Verlag in Georg Thieme Verlag KG
Rüdigerstraße 14, 70469 Stuttgart, Germany
www.trias-verlag.de

Printed in Germany

Satz und Repro: Fotosatz Buck, Kumhausen
Druck: AZ Druck und Datentechnik GmbH, Kempten

Gedruckt auf chlorfrei gebleichtem Papier

ISBN 978-3-432-11478-1 4 5 6

Auch erhältlich als E-Book:
eISBN (ePDF) 978-3-432-11508-5

Wo datenschutzrechtlich erforderlich, wurden die Namen und weitere Daten von Personen redaktionell verändert (Tarnnamen). Dies ist grundsätzlich der Fall bei Patienten, ihren Angehörigen und Freunden, z. T. auch bei weiteren Personen, die z. B. in die Behandlung von Patienten eingebunden sind.

Thieme wendet sich gleichermaßen an Menschen jeder Geschlechtsidentität und nennt Autor*innen konkrete Beispiele, wie sie alle Lesenden gleichberechtigt ansprechen können. Die Ansprache aller Menschen ist ausdrücklich auch dort intendiert, wo im Text (etwa aus Gründen der Leseleichtigkeit, des Text-Umfangs oder des situativen Stil-Empfindens) z. B. nur ein generisches Maskulinum verwendet wird.

MIX
Papier | Fördert gute Waldnutzung
FSC® C008457
FSC www.fsc.org

TRIAS, einer der führenden Ratgeberverlage im Bereich Gesundheit, gehört zur Thieme Gruppe, marktführender Anbieter medizinischer Fachinformationen und Services. Anspruch der Thieme Gruppe ist es, den im Gesundheitswesen tätigen Berufsgruppen sowie allen an Gesundheit Interessierten genau die Informationen und Angebote bereitzustellen, die sie in einer bestimmten Arbeitssituation oder Lebensphase benötigen. Durch die hohe Qualität und zielgruppenspezifische Relevanz der angebotenen Leistungen bereitet Thieme den Weg für eine bessere Medizin und mehr Gesundheit im Leben.

Thieme